DICIONÁRIO DE FUTEBOLÊS

OPINIÕES

Nosso país ainda é muito carente de dicionários de variada espécie. Os chamados de especializados, como é o caso do Pequeno dicionário do futebolês, são sempre bem-vindos, nessa área tão apaixonante para o brasileiro de todas as camadas sociais. No entanto, sempre haverá interesse em produzir novas obras que procurem elucidar os termos e expressões que vão surgindo em cada época. Perpassando cada página, podemos verificar, além dos termos normais, outros como: vestir a amarelinha, tique-taque (toque de bola dos jogadores do Barcelona atual), timão (Coríntias), Galo (Atlético) etc. Hoje, com a Copa de 2014, no Brasil, surgem novas "arenas" (estádios de futebol, com variados nomes). Portanto, é com muita satisfação que lemos este novo trabalho do professor e compositor Zé Arnaldo Guimarães.

Prof. Dr. Manoel Pinto Ribeiro – UERJ

O lançamento da excelente obra do compositor e professor Zé Arnaldo Guimarães retoma uma trilha aberta pela publicação de Futebol e Palavra, Tese de Doutorado defendida na UFRJ, em 1980, por Ivan Cavalcanti Proença. Se este pesquisador abriu as portas da Academia para tema tão arraigado na cultura brasileira, Zé Arnaldo, com ginga e competência, dá sequência aos estudos lexicográficos sobre a linguagem do futebol. Comprova que, no futebolês, também se encontram os valores denotativo e conotativo da linguagem, que as figuras de palavras não são privilégio da literatura. Dublê de professor e sambista, ele nos confirma, com texto leve e prazeroso, que quem não gosta de samba e bola bom sujeito não é.

Prof. Doutor André Valente – UERJ

No ano de Copa no Brasil, a mais conceituada revista alemã dedicada à "cultura ludopédica" lançou um caderno especial. Ali, encontramos, pela primeira vez fora dos círculos estrita e isoladamente acadêmicos da Alemanha, um miniglossário da linguagem futebolística do Brasil (da "bola quadrada" à "zebra"). A pequena lista traduz ao pé da letra um total de 16 expressões e explica de forma divertida a sua expressividade no português do Brasil – uma homenagem inédita e necessária para a riquíssima e tão viva linguagem ludopédica que os brasileiros vêm criando e ampliando há mais de um século. Um dicionário como este, do estimado colega Zé Arnaldo Guimarães, tem o grande mérito de documentar – não somente para os brasileiros, e sim para o mundo – a excepcionalidade do "futebolês" verde-amarelo. Através do léxico, Arnaldo convida a explorar as origens histórico-culturais e nos conta episódios da história do futebol em sua verdadeira "pátria".

Prof. Doutor Marcel Vejmelka - UNIVERSIDADE MAINZ - ALEMANHA

JOSÉ ARNALDO GUIMARÃES
DICIONÁRIO DE
de
FUTEBOLÊS
TIRE DE LETRA SUAS DÚVIDAS

2ª EDIÇÃO
REVISTA E
AMPLIADA

70

DICIONÁRIO DE FUTEBOLÊS
TIRE DE LETRA SUAS DÚVIDAS

© Almedina, 2023

AUTOR: José Arnaldo Guimarães

DIRETOR DA ALMEDINA BRASIL: Rodrigo Mentz

EDITOR: Deonísio da Silva

ASSISTENTES EDITORIAIS: Alessandra Costa e Mary Ellen Camarinho Terroni

ASSISTENTES DE PRODUÇÃO: Larissa Nogueira e Letícia Gabriella Batista

ESTAGIÁRIA DE PRODUÇÃO: Laura Roberti

REVISÃO: Daboit Textos

CONCEPÇÃO GRÁFICA: Eduardo Faria/Officio

SUPERVISÃO GERAL: Deonísio da Silva e Marco Pace

ISBN: 9786554271257

Junho, 2023

Dados Internacionais de Catalogação na Publicação (CIP)
(Câmara Brasileira do Livro, SP, Brasil)

Guimarães, José Arnaldo
Dicionário de futebolês : tire de letra suas dúvidas / José Arnaldo Guimarães. -- São Paulo : Edições 70, 2023.

ISBN 978-65-5427-125-7

1. Futebol - Dicionários 2. Vocabulário I. Título.

23-152712   CDD-796.334

Índices para catálogo sistemático:
1. Futebol 796.334
Eliane de Freitas Leite - Bibliotecária - CRB 8/8415

Este livro segue as regras do novo Acordo Ortográfico da Língua Portuguesa (1990).

Todos os direitos reservados. Nenhuma parte deste livro, protegido por copyright, pode ser reproduzida, armazenada ou transmitida de alguma forma ou por algum meio, seja eletrônico ou mecânico, inclusive fotocópia, gravação ou qualquer sistema de armazenagem de informações, sem a permissão expressa e por escrito da editora.

EDITORA: Almedina Brasil
Rua José Maria Lisboa, 860, Conj.131 e 132, Jardim Paulista
01423-001 São Paulo | Brasil

www.almedina.com.br

APRESENTAÇÃO

A língua é uma caixinha de surpresas

O futebol é apaixonante. Não é à toa que é o esporte preferido no mundo todo. Seus jogos sãos transmitidos pelo rádio, pela TV e pela internet e em qualquer um dos canais alcançam audiências extraordinárias. O público é cada vez maior e, a cada dia, novos interessados são seduzidos por essa paixão.

Estranhamente, porém, ainda há aqueles que ignoram solenemente o futebol e que, por isso, não sabem nada a respeito dele e de seu jargão. Durante os jogos de maior apelo, porém, é difícil ficar alheio à euforia que toma conta das pessoas em volta. Por isso, mesmo os que não ligam para o futebol, acabam aderindo à onda torcedora que toma conta dos colegas de trabalho, vizinhos e parentes, namorados, cônjuges e filhos.

O problema é que esses torcedores de ocasião, os que só se motivam com o futebol nesses momentos, não conseguem acompanhar as discussões que são travadas em qualquer lugar, basta que alguém puxe o assunto, na véspera e depois dos tais jogos, porque não entendem nada do que acontece numa partida. Não conseguem nem mesmo torcer direito, diante da TV, porque gritam "Uh!" para bolas que passam muito longe do gol ou aplaudem tremendas pixotadas dos jogadores.

Muito da incompreensão do jogo que essas pessoas demonstram, e que aborrecem os "iniciados", tem a ver com o seu "analfabetismo" em relação ao dialeto que utilizam os aficionados do futebol. Jogadores, treinadores, torcedores e jornalistas não param de criar expressões para denominar ou ilustrar personagens, atos ou situações do futebol. Acompanhar o futebol é também falar e entender a sua língua.

Conhecer a linguagem do futebol é importante, também, porque ele é tão presente em nossas vidas, e seus termos tão representativos e conhecidos que algumas expressões do futebolês acabam saindo dos estádios e das transmissões esportivas e vão bater uma bolinha em outros gramados. Aqui e acolá, ouvimos expressões adaptadas do futebol usadas em situações sociais, familiares e profissionais. O filho que obteve sucesso na escola é o nosso campeão e ao menino que ficou reprovado, atribui-se um rebaixamento. Dizemos que uma colega está batendo um bolão se ela está com o corpo em dia ou que um namorado, por má conduta, levou um cartão vermelho. Se um problema foi adiado, dizemos que ele foi jogado para escanteio. E, se um funcionário destacou-se na empresa ao efetuar uma grande venda ou apresentar uma ótima ideia para um novo negócio, diz-se que ele marcou um golaço.

Não conhecer esses termos, portanto, significa pôr-se à margem das conversas dos mais íntimos com o "velho e violento esporte bretão" e se ver impedido de acompanhar integralmente as transmissões dos jogos, os programas esportivos e as mesas-redondas, em que se discute o futebol e as partidas desse esporte verdadeiramente apaixonante. Este livro pretende deixar o leitor, em forma, por dentro desse dialeto, o futebolês, para que, daqui para frente, ele não fique que nem "bobinho" nas rodas de conversa sobre os jogos.

Boa leitura e bons jogos.

PREFÁCIO À 1ª EDIÇÃO

Um golaço de letra

Percebemos que estamos mais velhos quando os convites para as "peladas" são substituídos por escrever um prefácio, ainda que tenha partido de um ex-professor seu, da época de colégio, o que, de certa forma, lhe devolve a juventude. Se pendurei as chuteiras, que aproveite o campo das letras com cuidado para, como diríamos nós e o autor, não isolar a bola.

Houve época que a maior a preocupação era dizer aos menos atentos que "o homem de preto" era o árbitro da partida. Hoje, com praticamente um jogo por noite na televisão, não há mais essa dúvida. E se tem tanta transmissão de futebol nos diferentes veículos de comunicação, nada mais justo que traduzir o dialeto antes restrito e machista.

Impossível nos primeiros minutos de leitura não começar a desafiar o autor, ainda que em pensamento, 'será que ele lembrou de "jogar contra o patrimônio?", duvido que tenha escrito "orelha da bola"...

O melhor é relaxar e curtir um misto de diversão e saudade de lances ou partidas que algumas expressões possam proporcionar. Zé Arnaldo Guimarães foi meu professor – ou técnico? - de redação e literatura. Dividimos palco apresentando um Talk Show, fui seu assessor de imprensa, escreveu o prefácio do meu primeiro livro e hoje me retribui a tarefa. Confesso que depois de ler o Pequeno dicionário de expressões do futebol me senti um "homem de confiança" do autor.

Que o torcedor/leitor aproveite cada lance das próximas jogadas/páginas.

Zé Arnaldo Guimarães marcou um golaço!

Gustavo Nagib
JORNALISTA E ESCRITOR

PREFÁCIO À SEGUNDA EDIÇÃO

A segunda edição revisada e ampliada do "Pequeno Dicionário do Futebolês", mais uma vez cumpre a tarefa de deixar à disposição dos leitores torcedores - ou torcedores leitores - um rico repertório de palavras e expressões do futebol, viril esporte bretão que se transformou em paixão nacional para a maioria dos brasileiros, garantindo que podemos entrar em campo sem correr o risco de ficar na zona do agrião, onde qualquer erro pode ser fatal.

Nesta publicação está presente o espírito do torcedor, aqui exposto pela riqueza da Língua Portuguesa associada à criatividade de seus usuários. E nosso dicionarista sai jogando sem pisar na bola, driblando sentidos, selecionando formas de dizer que caracterizam a linguagem peculiar do futebol brasileiro.

Mas, além disso, Zé Arnaldo Guima nos disponibiliza um material muito rico para estudos mais aprofundados na área acadêmica, facilitando o jogo em outras áreas de pesquisa linguística . E ele o faz sem firulas, sem enfeitar a jogada ou entregar os pontos diante das múltiplas atividades que dignamente exerce: professor, sambista, dicionarista e... peladeiro como ele mesmo se autodefine, sem bola perdida. Um gol de placa!!

Zé Arnaldo Guimarães fez o trabalho de casa direitinho! E, mais uma vez, encaixa a bola lá no ângulo, onde a coruja dorme.

Dra. Denise Salim Santos
PROFESSORA DA UERJ

DICIONÁRIO DE *de* FUTEBOLÊS

A

1. **A Bangu**: fazer algo de qualquer maneira, ignorando as regras do futebol, livremente.

2. **A bola está queimando**: é uma crítica aos jogadores que visivelmente sentem o peso ou a responsabilidade de uma partida e, por nervosismo, livram-se da bola rapidamente. E, geral, os jogadores a quem a bola queima cometem erros primários por precipitação.

3. **A bola não para no pé**: é uma crítica ao jogo em que nenhum jogador fica muito tempo com a bola, preferindo passá-la sempre de primeira, para fugir à responsabilidade ou porque o jogo está muito pegado.

4. **Abafa**: marcação por pressão, na saída de bola do adversário.

5. **Abafar**: marcar por pressão, adiantar a marcação na saída de bola do adversário.

6. **ABC**: Time da Cidade de Natal, capital do Rio Grande do Norte. As letras são uma homenagem a Argentina, Brasil e Chile, que firmaram O Pacto ABC, de cooperação mútua, em 1915, no ano da fundação do clube potiguar.

7. **Abrir a porteira**: usa-se essa expressão para se definir um momento da partida em que a equipe mais forte consegue finalmente furar o bloqueio defensivo do adversário e fazer um gol. Presume-se, então, que a partir desse gol, outros ocorrerão naturalmente.

8. **Abrir o cofre**: gastar as economias do clube para um contratação de emergência.

9. **Abrir o placar**: fazer o primeiro gol da partida.

10. **Abusado**: jogador de recursos que aplica dribles desmoralizantes ou sempre opta pelas jogadas mais difíceis e plásticas.

11. **Abusar**: exagerar num lance que começou bonito.

12. **Acabar com o jogo**: jogar muito, ser decisivo, gastar a bola, bater um bolão, ser o melhor em campo.

13. **Acabou o amor**: a expressão indica que a torcida não confia mais no time, perdeu a paciência com o técnico e com os jogadores.

14. **Academia**: Como era conhecido o Palmeiras, por seu futebol vistoso na década de 1960.

15. **Aceitar**: deixar, o goleiro, a bola defensável passar sem oferecer resistência. O mesmo que Frangar.

16. **Acelerar**: dar mais velocidade ao jogo, com passes mais verticais e fortes.

17. **Acertar**: fechar contrato, o clube, com um jogador, ou este com um clube.

18. **Acertar o canto**: chutar a bola no gol, bem rente à trave, lugar considerado indefensável para o goleiro.

DICIONÁRIO DE FUTEBOLÊS

19. **Acesso**: vaga numa série superior; por exemplo, da segunda para a primeira divisão.

20. **Achar um gol**: diz-se de um time que faz um gol imerecidamente, sem ter jogado para isso. É uma das expressões que confirmam a tal falta de lógica do futebol e que justifica a máxima "Quem não faz leva".

21. **Aço**: sufixo aumentativo que exageradamente é repetido pelos narradores após um gol considerado bonito ou de difícil feitura.

22. **Acordou a coruja**: expressão que indica que a bola entrou "Lá onde a coruja dorme".

23. **Acréscimos**: tempo que o juiz dá a mais ao regulamentar de 45 minutos, no fim das etapas do jogo, para compensar mínima e insuficientemente as diversas paralisações, justificadas ou não, ocorridas durante a partida.

24. **Acumular gordura**: fazer pontos no início da competição, abrir uma dianteira em relação aos concorrentes.

25. **Ademir da Guia**: grande craque da Academia do Palmeiras.

26. **Ademir Menezes**: grande destaque do Vasco da Gama, time que era chamado de Expresso da Vitória e que foi a base da seleção de 1950.

27. **Adeptos**: torcedores, em Portugal.

28. **Adiantar demais**: deixar a bola correr muito à frente, perder o controle dela por conduzi-la, na direção ao gol do adversário, muito longe do pé, oferecendo-a, fácil, assim, ao adversário.

17

29. **Ado**: terceiro goleiro da seleção de 70, tricampeã do Mundo no México.

30. **Advertência verbal**: admoestação preventiva, cautelar do árbitro a um jogador, antes de lhe aplicar um cartão amarelo ou até mesmo um vermelho.

31. **Advogado do Fluminense**: expressão irônica usada pelos torcedores dos outros times em referência à vitória jurídica conquistada pelo Tricolor das Laranjeiras, em 2013, em que foi evitada nos tribunais a queda do clube carioca para a segunda divisão do campeonato brasileiro.

32. **Afastar**: chutar a bola para longe de sua própria área, momentaneamente afastando o perigo que rondava a sua meta.

33. **Afinar**: tirar o pé numa dividida

34. **Afonsinho**: polêmico jogador revelado pelo Botafogo do Rio na década de 1960 por seu comportamento e por seus posicionamentos políticos, contrários à ditadura que se instalara no Brasil em 1964.

35. **Afunilar o jogo**: tentar entrar na área adversária pelo meio, concentrar o jogo numa parte do campo apenas.

36. **Agarrar (a bola)**: é o ato praticado pelo goleiro de dominar com as mãos a bola chutada contra o seu gol. Encaixar, agasalhar, amansar.

37. **Agasalhar**: encaixar a bola, o goleiro, com segurança, sem dar rebote ao adversário.

38. **Agregador**: jogador que com suas atitudes e sua liderança une o grupo de atletas de que faz parte. É o chamado

DICIONÁRIO DE FUTEBOLÊS

"jogador de grupo", aquele que se adapta ao time e trabalha pelo bem-estar geral e não por glórias individuais.

39. **Água milagrosa**: diz-se ironicamente da água que os massagistas jogam em cima dos jogadores contundidos.

40. **Aguero**: craque argentino, centroavante do Manchester City..

41. **Agulhada**: chute forte, de bico, em geral para fins defensivos.

42. **Ainda respira**: diz-se do time que ainda não foi matematicamente rebaixado para a segunda divisão do campeonato brasileiro, que ainda tem chances matemáticas de salvação.

43. **Ajax**: tradicional clube da Holanda.

44. **Ajeitar**: preparar a bola para o chute ou o passe.

45. **Ajudar**: jogar junto, ser solidário no campo, contribuir, um jogador, com seu talento ou determinação para o sucesso de um time.

46. **A la...**: os comentaristas, narradores e torcedores usam essa expressão para descrever uma jogada ou um gol que lembre, por sua plástica, um notável jogador do passado. Um gol "A la Romário"; um drible "A la Garrincha"; um lançamento "A la Gérson", etc.

47. **Ala (direita ou esquerda)**: é o jogador que atua pelos flancos do campo na formação com três zagueiros de área. Nesse sistema, os alas têm mais liberdade para atacar, pois atuam numa área mais avançada do campo, sem tantas obrigações defensivas.

19

48. **Albiceleste (alviceleste)**: a seleção do Uruguai, identificada por suas cores.

49. **Alçapão**: estádio pequeno e em que a torcida fica muito próxima do gramado, nos alambrados que circundam o campo. A sensação de insegurança que a proximidade da torcida do time da casa transmite acaba intimidando os jogadores do time visitante e os árbitros.

50. **Alteração**: troca de jogadores, substituição.

51. **Altinho**: aquecimento que os jogadores fazem antes das partidas ou treinamentos. A atividade consiste em trocar passes sempre pelo alto, sem que se deixe a bola cair no chão.

52. **Alugar meio campo**: usa-se essa expressão para descrever um time que domina territorialmente a partida, ou seja, seus jogadores ocupam mais partes do gramado e ficam mais tempo com a bola.

53. **Álvaro Chaves**: tradicional estádio do Fluminense Football Club.

54. **Alvinegro**: clube que tem como cores o preto e o branco. Há vários espalhados pelo país: o Santos, o Corinthians, o Vasco da Gama, o Atlético Mineiro e o Botafogo do Rio de Janeiro, entre muitos outros. Essa referência ao time pelas suas cores é muito utilizada pelos narradores em substituição ao nome do clube, como forma de tornar a narração menos repetitiva e enfadonha.

55. **Alvirrubro**: time cujas cores são o branco e o vermelho, como o Internacional, de Porto Alegre, o Náutico,

DICIONÁRIO DE FUTEBOLÊS

de Recife e o Bangu, do Rio de Janeiro, entre muitos outros. Essa referência ao time pelas suas cores é muito utilizada pelos narradores em substituição ao nome do clube, como forma de tornar a narração menos repetitiva e enfadonha.

56. **Amarelar**: diz-se do jogador ou do time que não rendeu o esperado em determinada partida ou competição por sentir o peso da responsabilidade. Amarelar pode significar também aplicar um cartão amarelo. Como em: "O juiz amarelou toda a defesa do América", que significa que todos os beques levaram cartão amarelo no jogo.

57. **Amarelinha**: é como os amantes do futebol chamam a mítica camisa oficial, ou número 1, da seleção brasileira.

58. **Amarrar o jogo**: diz-se de um time que joga na retranca e, além da postura defensiva, faz muitas faltas, impedindo que o jogo do adversário flua.

59. **Amassar**: encurralar o adversário no campo de defesa dele, pressionar a equipe contrária, sem permitir que ela saia das imediações de sua própria área.

60. **A meia altura**: é uma bola que, apesar da força do chute, pode ser defendida, porque está no raio de alcance dos goleiros que, em geral, em bolas assim, fazem a clássica "ponte".

61. **América Carioca**: América Futebol Clube, tradicional agremiação do Rio de Janeiro, considerado o segundo clube de todos os torcedores cariocas, conhecido como Mequinha e Diabo.

21

62. **América de Natal**: América Futebol Clube, tradicional agremiação potiguar.

63. **América Mineiro**: América Futebol Clube, tradicional agremiação de Minas Gerais, decacampeão estadual entre 1916 e 1925, um recorde de títulos consecutivos até hoje.

64. **Amistoso**: partida que não vale pontos, ou seja, não faz parte de um campeonato.

65. **Amuleto**: personagem (animal, jogador, torcedor, funcionário) que supostamente dá sorte a um time. O caso mais clássico é o do cachorro Biriba que, quando estava presente em campo, dava sorte ao Botafogo, clube marcado pela superstição e pelas crendices.

66. **Anfitrião**: o time que tem o mando de campo joga em casa, em seu campo, na sua própria cidade, diante de seus torcedores.

67. **Anfitrião**: time que joga em casa, em seu próprio estádio.

68. **Animal**: apelido de Edmundo, atacante que se notabilizou no Vasco da Gama e no Palmeiras, por causa do seu temperamento difícil. Pode também ser empregado como adjetivo, em situações como "jogada animal", "ataque animal", "defesa animal".

69. **Anjo das Pernas Tortas**: Garrincha, o maior ponta direita da história do Futebol Mundial e, para muitos, o melhor jogador de todos os tempos. Foi o grande responsável pela conquista do bicampeonato mundial pelo Brasil, em 1962, no Chile. Na ausência de Pelé, o outro grande craque daquele timaço, machucado ainda no segundo jogo, Garrincha tomou para si a res-

ponsabilidade e comandou a equipe naquela Copa do Mundo. Fez gols de todos os jeitos: de cabeça, de perna esquerda, de falta, e mostrou ao planeta o que a torcida do Botafogo já sabia: que ele era um craque completo, capaz de jogar em qualquer posição do ataque com igual competência e desembaraço, apesar de se restringir, humildemente, como previa a tática da época, à posição em que era sistematicamente escalado.

70. **Antecipar**: chegar antes na bola, interceptá-la antes que seja dominada por um adversário a quem o passe seria destinado.

71. **Antecipar-se à marcação**: movimentar-se, para não ser facilmente marcado.

72. **Antevisão**: característica dos grandes craques, queles que veem antes uma possibilidade de jogada, um passe, uma desatenção da defesa adversária; clarividência.

73. **Antijogo**: cera, retardos deliberados no reinício de uma partida após alguma paralisação (escanteio, tiro de meta, lateral, faltas). O termo se refere ainda às provocações ao adversário e à torcida, ao deboche demonstrado em relação ao time adversário, etc. É a atitude contrária àquela que se intitula "fair play".

74. **Antis**: como são chamados os torcedores das torcidas adversárias.

75. **Apagão**: diz-se do momento em que um time reconhecidamente bom desmorona emocional e taticamente mente e permite, com essa atitude, um gol ou mais de um adversário sem oferecer resistência.

76. **Apanhar da bola**: tratar mal a pelota, demonstrar falta de domínio, de técnica, de intimidade com o objeto principal de uma partida de futebol.

77. **Apertar**: tornar a marcação mais rigorosa, aproximar-se do adversário para tomar-lhe a bola de modo mais incisivo.

78. **Apetite**: vontade de jogar, determinação, empenho, atitude

79. **Apito**: o instrumento de trabalho do árbitro, que com ele marca as infrações cometidas pelos jogadores. É um dos sons do futebol e concorre para a sinfonia atonal que se ouve numa partida, junto com o arrastar das chuteiras no gramado, com os gritos dos atletas, com os cânticos das torcidas, com o barulho dos chutes e cabeçadas, e do choque da bola com a trave ou do seu encontro com a rede, no gol.

80. **Apoiador**: antigo nome dos meias de ligação.

81. **Apoiar**: é o ato e um jogador de defesa ir ao ataque, função mais comum no futebol moderno aos laterais. Do lateral que vai bem e constantemente ao ataque diz-se que apoia bem.

82. **Aprofundar**: fazer lançamento longo.

83. **Aproveitamento**: rendimento de uma equipe ou de um jogador em gols marcados, ou em vitórias, ou em passes certos, ou em chutes a gol etc.

84. **Aproximar**: o mesmo que compactar.

85. **Arame liso**: defesa frouxa, que não incomoda o adversário, que dá espaços em demasia.

DICIONÁRIO DE FUTEBOLÊS

86. **Aranha**: Dé, centroavante do Vasco, Bangu e Botafogo que se notabilizou pelo oportunismo e pelo "Gol da Pedra de Gelo".

87. **Arapiraca**: Agremiação Sportiva Arapiraquense.

88. **Arbitragem**: os homens e mulheres responsáveis, numa partida, pela fiscalização das atitudes dos jogadores, para que se mantenham dentro das regras do futebol.

89. **Árbitro**: juiz, "homem de preto". É quem deve zelar pelo bom andamento das partidas. É quem faz com que os jogadores cumpram as regras do jogo. Veste-se de maneira diferente dos atletas e acompanha de perto os lances, soprando seu apito para marcar as infrações que veja. É auxiliado por dois fiscais, os bandeirinhas, que correm lateralmente à margem do campo, um de cada lado. São responsáveis pela marcação de impedimento e assinalam, levantando a bandeira que carregam, quando a bolsa ultrapassa uma das linhas que delimitam o gramado.

90. **Arco-íris**: aglomeração física ou anímica de torcidas diferentes que se unem contra um inimigo comum. Por reunir times de cores de camisa diferentes, assim são chamadas essas associações oportunistas e fugidias.

91. **Área técnica**: local em que o treinador se movimenta para dar instruções ao seu time. Era uma delimitação de onde o técnico poderia eventualmente conversar com algum jogador do seu time, mas acabou virando o palco onde os treinadores dão o seu show de gestos, caretas, saltos, rezas e mandingas.

92. **Arena Condá**: estádio da Chapecoense.

93. **Arena Corinthians**: o estádio do timão em Itaquera, região periférica da cidade de São Paulo.

94. **Arena da Baixada**: o estádio do Clube Atlético Paranaense, em Curitiba.

95. **Arena do Grêmio**: estádio do Grêmio de Porto Alegre.

96. **Arena do Jacaré**: estádio de futebol localizado em Sete Lagoas, Minas Gerais.

97. **Arena Pantanal**: estádio construído em Cuiabá para a Copa do Mundo do Brasil, realizada em 2014.

98. **Arena Pernambuco**: estádio construído em na Grande Recife para a Copa do Mundo do Brasil, realizada em 2014.

99. **Arena**: nova denominação dos estádios modernos que começaram a ser construídos, a partir do fim do século, XX, sob recomendações expressas das confederações, visando à sua utilização de várias maneiras e para vários fins diversos, além do futebol.

100. **Arilson**: ponta-esquerda do Clube de Regatas do Flamengo nas décadas de 1960 e 1970.

101. **Arimateia (e Bambala)**: time de várzea, ruim, amador. Usa-se esse nome para depreciar uma equipe que esteja jogando mal ou em má fase.

102. **Arisco**: diz-se do jogador que tem muita velocidade de locomoção e de movimentação.

103. **Arma secreta**: jogador que é guardado pelo treinador para entrar no segundo tempo para, possivelmente, surpreender o adversário e contribuir decisivamente para a vitória de seu time.

DICIONÁRIO DE FUTEBOLÊS

104. **Armação**: modo de jogar de um time, a disposição dos jogadores no gramado, esquema tático, sistema de jogo.

105. **Armação**: mutreta, combinação amoral e ilegal para determinar previamente o resultado de uma partida.

106. **Armando Marques**: lendário e folclórico árbitro brasileiro das décadas de 1960 e 1970. Apitou jogos nas Copas do Mundo de 1966, na Inglaterra, em= de 1974, na Alemanha.

107. **Arqueiro**: goleiro, guarda-valas guarda-redes.

108. **Arquibaldo**: o frequentador das arquibancadas do antigo estádio do Maracanã.

109. **Arrancada**: corrida desenfreada em que um jogador carrega a bola em disparada até o gol adversário.

110. **Arrancar um empate**: conquistar, muitas vezes sem merecimento, o empate contra uma equipe reconhecidamente superior.

111. **Arrancar**: correr desenfreadamente em direção ao gol adversário.

112. **Arrematar**: chutar a gol concluir.

113. **Arremate**: chute, conclusão a gol.

114. **Arremesso manual**: é a cobrança manual do lateral.

115. **Arruaceiro**: jogador que costuma arranjar confusão nos jogos, provocando os adversários e a torcida e desrespeitando o trio de arbitragem.

116. **Arruda (Mundão do Arruda)**: o estádio do Clube Santa Cruz do Recife.

117. **Arrumadinho**: diz-se do time limitado tecnicamente, mas bem organizado pelo treinador.

118. **Arrumar a barreira**: o que faz o goleiro, antes da cobrança de um tiro livre direto.

119. **Arrumar a casa (a cozinha – a defesa)**: organizar o sistema defensivo de uma equipe, tornar a defesa do time mais sólida, dispor os jogadores de modo a dar mais proteção ao seu gol.

120. **Arrumar o corpo**: equilibrar-se para o chute, preparar o arremate a gol.

121. **Artilharia**: quantidade de gols de um atacante ou de um ataque.

122. **Artilheiro**: o jogador que faz mais gols numa equipe ou num campeonato. Essa prerrogativa é em geral dos atacantes.

123. **Artilheiro dos Gols Bonitos**: apelido de Dodô, atacante que jogou pelo Botafogo, São Paulo, Fluminense, Santos e Vasco entre 1992 e 2011. Artista da bola: expressão que designa os jogadores de talento indiscutível e que fazem do futebol um espetáculo. Nem sempre são jogadores eficientes, mas vê-los em campo chutando, controlando a bola, driblando e fazendo passes é um deleite para a plateia.

124. **Asa**: tradicional time alvinegro de Alagoas.

125. **Assistência**: é o chamado passe final para um gol.

126. **Assustar**: levar perigo ao gol adversário.

127. **Aston Vila**: tradicional clube de futebol da Inglaterra.

128. **Atacante de área**: aquele que só fica nas imediações do gol adversário. Só tem serventia na área ofensiva e, por isso, não se arvora a fazer o que não sabe.

Limita-se a ficar por ali, à espreita, à espera de uma bola perdida, cruzada, passada, ou largada pelo goleiro que ele possa empurrar para o gol desguarnecido. Vale-se muito mais de sua presença física, de seu posicionamento na área, do seu faro de gol e do seu oportunismo do que pela técnica que, em muitos casos, nem tem. O atacante que tenha todas essas qualidades e que some a isso um bom domínio de bola acaba se tornando um astro eterno do futebol (Romário, Ronaldo, Van Basten, Paolo Rossi, Tostão, Reinaldo, etc.) porque transforma o ofício de empurrar a bola para rede em arte refinada.

129. **Atacante de lado de campo**: diferente do atacante de área, atua mais fora dela, em geral pelos lados do campo, preparando a jogada que será concluída pelo centroavante.

130. **Atacante definidor**: É aquele que só joga "enfiado" na área, com uma única função: empurrar a bola para dentro do gol.

131. **Atacante matador**: aquele que não perdoa os zagueiros; atacante eficiente em "botar a bola pra dentro", às vezes nem é muito habilidoso ou participativo, mas faz o que se exige dele: gols!

132. **Atacante vive de gols**: Máxima do futebol que deixa clara a função de quem joga mais perto do gol adversário. Ou seja, um atacante não é avaliado por sua participação nos jogos, mas pelo(s) gol(s) que marca.

133. **Atacante**: jogador que atua no ataque e que tem por missão preparar e fazer gols. Os atacantes são, em

geral, os mais valorizados do time e se tornam ídolos das torcidas se forem bons no que fazem.

134. **Atacar as linhas**: infiltrar as linhas adversárias, abrir espaço nelas.

135. **Atacar o espaço**: movimentar-se para dar opção de passe.

136. **Ataque dos sonhos**: assim a imprensa e os torcedores do Flamengo chamavam apoteoticamente o ataque formado pelo Mais Querido com Edmundo, Romário e Sávio em 1995, ano de centenário de fundação do rubro-negro carioca.

137. **Ataque**: ação ofensiva.

138. **Ataque**: o setor do time responsável por criar e efetuar jogadas ofensivas ao adversário.

139. **Atitude**: conjunto de características comportamentais – coragem, destemor, raça, personalidade – muito exigido atualmente dos jogadores de futebol, mais, até, do que a técnica ou o talento.

140. **Atletiba**: junção dos nomes Atlético e Coritiba, as equipes mais tradicionais

141. **Atlético de Madri**: tradicional time da capital da Espanha, é considerado a terceira força no futebol espanhol.

142. **Atlético Goianiense**: o Atlético Clube Goianiense.

143. **Atlético Mineiro**: Clube Atlético Mineiro, o Galo das Minas Gerais.

144. **Atlético Paranaense**: o Clube Athletico Paranaense.

145. Atrás da linha da bola: é a postura defensiva em que todos os jogadores devem se postar atrás da linha imaginária da bola. É o que se exige de um time que perca a bola no ataque: que voltem todos os jogadores para o seu próprio campo para recompor suas linhas defensivas de modo a dificultar a progressão livre do ataque adversário.

146. Atrasar a bola: rolar a pelota para trás, sem fazer o jogo evoluir. Em outros tempos, era possível atrasar a bola para o goleiro que a pegava com a mão e fazia cera. Há algum tempo, porém, o goleiro não pode mais pegar com as mãos uma bola atrasada por um companheiro. Além disso, ele tem até seis segundos para recolocar a bola em jogo. Se isso não for feito, o juiz pode marcar tiro livre indireto contra o seu time.

147. Atropelamento: diz-se do jogo em que um time foi muito superior ao outro e venceu por goleada.

148. Aula de futebol: diz de um time que se portou conforme os manuais de tática do futebol e que, por isso, jogou muito mais do que o adversário defensiva e ofensivamente.

149. Auxiliar: nome atual do antigo bandeirinha, o árbitro que fica responsável por marcar os impedimentos e as saídas de bola pelas linhas laterais e de fundo.

150. Avaí: Avaí Futebol Clube, o Tubarão de Santa Catarina.

151. Avançado: atacante.

152. Avenida: é como se referem os narradores e comentaristas a um setor defensivo de um time através do qual os adversários evoluam confortavelmente e sem resistência. É um espaço vazio, desguarnecido da defesa por onde o time adversário evolui livremente.

153. **Aymoré Moreira**: irmão de Zezé Moreira, foi o técnico da Seleção Brasileira na Copa do Mundo do Chile, em 1962, na qual o Brasil sagrou-se bicampeão mundial de futebol.

154. **Azurra (Squadra Azurra)**: a seleção italiana. O escrete da Itália.

B

155. **Baba**: dentro do elenco de um clube de futebol há sempre um grupo de jogadores que só treina, treina e nunca é relacionado para os jogos, nem na reserva.

156. **Bacalhau**: é o animal que simboliza o torcedor do Vasco da Gama, tradicional clube do Rio de Janeiro ligado à colônia portuguesa.

157. **Bahia**: Esporte Clube Bahia, tradicional agremiação do estado nordestino, campeão brasileiro em 1959 e 1988.

158. **Baile**: diz-se de um time que jogou muito melhor do que o outro e quando a superioridade do time vencedor fica evidente não só no placar, mas na movimentação e no toque de bola tranquilo e inapelável que impõe ao adversário. Pode ser aplicado também a um jogador, em geral de ataque, passa a partida inteira driblando seu marcador impiedosamente, sem lhe dar trégua, vencendo os duelos individuais em que estiveram envolvidos durante a partida.

159. **Baixinho**: apelido de Romário, campeão do Mundo com a Seleção Brasileira em 1994.

160. **Balançar (o jogo)**: rodar a bola pelos dois lados do campo, de modo a mexer com a linha de defesa adversária.

161. **Balançar (o técnico)**: diz-se do técnico que não está seguro no cargo.

162. **Balançar a rede pelo lado de fora**: é um espécie de anticlímax, pois consiste num chute sem ângulo que acerta a rede, mas pelo lado de fora da baliza. Jogadas desse tipo costumam enganar os torcedores posicionados nas arquibancadas e cadeiras da parte do estádio contrária ao gol onde aconteceu o lance, por dar a falsa impressão de que a bola entrou.

163. **Balanço (defensivo ou ofensivo)**: postura da equipe para defender ou para atacar.

164. **Balão**: Chute a esmo para o alto dado por um zagueiro com o intuito de afastar o perigo da área ou para se livrar da bola

165. **Balãozinho**: drible em que a bola encobre o jogador adversário.

166. **Balípodo**: o futebol.

167. **Baliza**: gol, meta, traves.

168. **Bambala (e Arimateia)**: time de várzea, ruim, amador. Usa-se esse nome para depreciar uma equipe que esteja jogando mal ou em má fase.

169. **Bancada**: o banco de reservas.

170. **Bancários**: jogadores que ficam no banco de reservas, suplentes.

171. **Banco**: metonímia que significa reserva, suplência.

172. **Bandeirão**: bandeira gigante que os clubes desfraldam na arquibancada, nos grandes jogos.

173. **Bandeirinha (auxiliar)**: É o auxiliar do árbitro que corre na linha lateral e acena sua bandeira, vermelha ou amarela, caso aviste alguma infração próxima a ele.

174. **Bando**: palavra que caracteriza um time sem um mínimo de organização tática. "Esse time é um bando em campo."

175. **Bangu**: Bangu Atlético Clube, tradicional agremiação da zona oeste do Rio de Janeiro, campeão carioca em 1933 e 1966, além de ser vice-campeão brasileiro em 1985.

176. **Banheira**: impedimento, off side; a expressão nasceu da constatação de que um atacante estava tão adiantado e, por isso, tão livre para fazer o gol, sem marcação, que era como se estivesse numa banheira, de tão à vontade com a situação.

177. **Banho de bola**: é o mesmo que "aula de futebol". É a superioridade absoluta de um time sobre outro.

178. **Barbante**: a rede que reveste a baliza. Daí vem a expressão: "balançou o barbante", que indica que a bola foi morrer no fundo do gol.

179. **Barbosa**: goleiro da Seleção Brasileira de 1950, normalmente apontado como um dos responsáveis pela traumática derrota do Brasil para o Uruguai na final da primeira Copa do Mundo que nosso país sediou.

180. **Barça**: hipocorístico relativo ao Barcelona, grande clube de futebol da Espanha.

181. **Barcelona**: tradicional clube espanhol, por onde desfilaram grandes craques do futebol mundial.

182. **Barcelona de Quito**: tradicional clube do Equador, finalista contra o Vasco da Gama do Taça Libertadores de 1998.

183. **Bariri**: Acanhado estádio do Olaria Atlético Clube, tradicional clube da zona da Leopoldina da cidade do Rio de Janeiro. É um dos "alçapões" do futebol carioca.

184. **Barração**: perda por um jogador do status de titular, perda de posição no time.

185. **Barradão**: estádio em que o Vitória da Bahia costuma mandar alguns de seus jogos.

186. **Barrado**: retirado do time titular, posto na reserva.

187. **Barreira**: é uma parede formada pelos jogadores de um time quando das cobranças de falta próximas à sua área. Ela deve ser armada a 9,15m do local em que está a bola e é posicionada pelo goleiro à frente da meta, de modo a impedir que o cobrador fique livre para chutar diretamente ao gol. Nem sempre surte o efeito desejado, porque há cobradores muito habilidosos que conseguem bater na bola com curva, pelo lado da barreira ou por cima dela, atingindo o gol inapelavelmente.

188. **Base**: é o nome genérico das categorias de meninos e adolescentes que estão sendo preparados para serem, no futuro, profissionais. Se bem trabalhada, a base pode ser uma mina de ouro. Revelar um craque pode render muito dinheiro ao clube; por isso, valoriza-se muito esse trabalho.

DICIONÁRIO DE FUTEBOLÊS

189. **Batata da perna**: panturrilha.

190. **Bate muito**: diz-se do zagueiro que faz muitas faltas ou que é desleal.

191. **Bate-bola**: treino, aquecimento, recreação entre os jogadores antes das partidas de futebol.

192. **Batedor (cobrador) oficial**: é o encarregado de fazer as cobranças de faltas e pênaltis de uma equipe.

193. **Batedor de carteira**: ladrão de bola, marcador sorrateiro que tira a bola dos adversários sem que eles sequer percebam a sua aproximação.

194. **Bate-pronto**: chutar uma bola sem ajeitá-la, de primeira, em geral após um quique no gramado.

195. **Bater**: é o ato de cobrar uma falta, um pênalti, um escanteio. Pode, ainda, significar chutar, finalizar em expressões do tipo "Ele bate bem na bola".

196. **Bater cabeça**: expressão que indica desorganização da equipe ou de um de seus setores.

197. **Bater roupa**: diz-se do goleiro que não conseguiu encaixar uma bola chutada ao seu gol e deu rebote.

198. **Bater um bolão**: jogar bem, acabar com o jogo.

199. **Ba-Vi**: o maior clássico do futebol baiano, entre Bahia e Vitória, os dois mais tradicionais times de Salvador.

200. **Bayern de Munique**: tradicional clube do futebol alemão.

201. **Beijar a camisa ou o escudo do clube**: gesto dos jogadores quando são contratados por um clube ou quando fazem gol para demonstrar amor pelo time em que jogam.

202. **Beirada**: lado do campo, lateral, corredor lateral.

203. **Beira-Rio**: estádio do Internacional de Porto Alegre.

204. **Beiras**: laterais, lados do campo.

205. **Belini**: capitão da seleção brasileira em 1958, na Suécia.

206. **Beliscar**: chutar um adversário de leve, na surdina. Tocar na bola secamente.

207. **Benfiquista**: torcedor do Benfica de Portugal.

208. **Beque da roça**: zagueiro rude, tosco, rebatedor, de poucos recursos técnicos.

209. **Beque**: Zagueiro, defensor.

210. **Bicho**: pagamento extra que os dirigentes dos clubes oferecem aos seus jogadores, como motivação, pelas vitórias.

211. **Bingo**: grito de gol de Edson Mauro, narrador de jogos de futebol.

212. **BIRA**: Boletim Informativo de Inscrição de Atletas da Federação Carioca de Futebol

213. **Biriba**: mascote do Botafogo de Futebol e Regatas.

214. **Blindagem**: defesa institucional de uma pessoa em momento de fragilidade.

215. **Bloco baixo**: posicionamento recuado da equipe, defesa, retranca.

216. **Bob Charlton**: mítico jogador Manchester United e da seleção inglesa nas copas do mundo de 1958, 1966, Inglaterra campeã, e 1970.

217. **Bobinho**: treinamento-brincadeira em que um ou dois atletas ficam no meio de uma roda tentando in-

DICIONÁRIO DE FUTEBOLÊS

terceptar a bola que é tocada de primeira pelos demais companheiros. Quando um jogador consegue esse feito, sai do meio da roda e vai para o círculo formado pelos jogadores que trocam passes.

218. **Bob Moore**: lateral-esquerdo capitão da seleção inglesa nas Copas de 1966, Inglaterra campeã, e 1970.

219. **Boca do gol (cara do gol)**: pequena área, proximidades do gol.

220. **Boca Juniors**: tradicional clube de Buenos Aires, na Argentina.

221. **Bochecha da rede**: lado da rede que fica na direção da trave.

222. **Bola (pelota, gorduchinha, balão, esférico, criança, madame)**: é o objeto do desejo de todo jogador de futebol. É ela que atrai os olhares nos estádios e nas transmissões esportivas.

223. **Bola ao chão (Bola ao alto)**: reinício de uma partida paralisada para que algum jogador receba atendimento médico ou para que o jogo, paralisado por uma eventualidade qualquer (temporal, invasão de gramado por torcedores, brigas entre jogadores), seja reiniciado.

224. **Bola cheia**: elogio ao jogador que está numa boa fase.

225. **Bola colocada**: chute inapelável não pela força, mas pelo quadrante do gol em que é chutada, inalcançável para o goleiro.

226. **Bola com açúcar**: a bola que é passada nas melhores condições para a conclusão de um companheiro ao gol.

39

227. **Bola de ouro**: prêmio atribuído ao melhor jogador de uma temporada ou de um campeonato.

228. **Bola de prata**: troféu entregue ao melhor jogador brasileiro da temporada.

229. **Bola dividida**: é aquela que não está dominada por nenhum jogador e para a qual dois jogadores adversários se dirigem ao mesmo tempo tomar-lhe a posse. Pode gerar choque entre os dois jogadores que a disputam. Em geral, leva vantagem nessas jogadas o mais habilidoso ou o mais decidido ou corajoso.

230. **Bola em jogo**: expressão que indica início ou recomeço de um jogo, paralisado para atendimento médico, intervalo, saída da bola por uma das linhas ou após a marcação de um gol.

231. **Bola está viva**: diz-se dos jogos em que, pelo estado do gramado, muito irregular ou cheio de buracos, os jogadores não conseguem dominar facilmente a bola.

232. **Bola morta**: bola sem perigo, que está numa zona que não oferece risco à zaga.

233. **Bola murcha**: crítica ao jogador que não está numa boa fase. O pior em campo.

234. **Bola na fogueira**: bola mal passada, que fica dividida entre o companheiro e um adversário.

235. **Bola na gaveta**: é aquela que entra na junção da trave com o travessão, lá "onde a coruja dorme".

236. **Bola na mão**: define o ato involuntário de tocar com a mão na bola. Os árbitros julgam a intenção dos jogadores de defesa quando a bola bate em sua mão.

Há até zagueiros que, ao se posicionarem entre um atacante que vai chutar a gol ou cruzar uma bola na área, colocam os braços para trás, deixando claro que não há a intenção de interromper a trajetória da bola com os braços e que um toque, caso ocorra, terá sido involuntário.

237. **Bola nas costas**: bola lançada no espaço em que deveria estar um defensor que, por avançar ao ataque, deixou seu setor desguarnecido.

238. **Bola ou búlica**: expressão que indica tudo ou nada. Diz-se de um time que vai se mandar todo para o ataque, deixando desguarnecida a defesa, correndo, por isso, o risco de tomar um gol no contra-ataque.

239. **Bola parada**: é a cobrança de faltas e escanteios. Quase todos os times treinam jogadas para as cobranças de faltas, já que o jogo, com a bola rolando, está cada vez mais truncado e difícil.

240. **Bola pro mato que o jogo é de campeonato**: expressão antiga que significava "isolar a bola", "chutar para onde o nariz aponta", "afastar o perigo da área" para bem longe.

241. **Bola prum lado, goleiro pro outro**: é a descrição da cobrança de pênalti em que o batedor, com uma dissimulação corporal, faz o goleiro se atirar para um dos lados da baliza, por achar que a bola será jogada naquele canto, e chuta a bola mansamente para o canto oposto.

242. **bola pune (A)**: frase que personaliza a bola e dá a ela ares de juíza: quer dizer que os jogadores que

não se cuidam fora de campo são maltratados pela bola, que não se rende e não se deixa dominar pelos mal dormidos.

243. **Bola quadrada**: bola mal passada, fora do alcance do jogador ao qual se destinaria, ou de difícil controle para quem vai recebê-la.

244. **Bola redondinha**: bola com açúcar, fácil de dominar, passe a um companheiro que está livre para fazer o gol.

245. **Bola rolando**: início da partida ou o jogo em si.

246. **Bola venenosa**: a bola que é chutada com efeito e cuja trajetória é sinuosa e traiçoeira. É das mais difíceis para um goleiro.

247. **Bolão**: passe muito bom a um companheiro.

248. **Boleiragem**: reunião de jogadores de futebol para as resenhas

249. **Boleiro**: jogador de futebol, profissional do futebol.

250. **Bomba**: chute violentíssimo.

251. **Bombeiro**: aquele que apaga incêndios no futebol, acalmando situações difíceis e problemas de relacionamento dentro de um time.

252. **Bonde**: jogador grande e desajeitado, pesadão, de poucos recursos técnicos. Geralmente atua no ataque e só serve para trombar com os zagueiros, valendo-se do seu corpanzil.

253. **Boqueirão**: espaço aberto no setor defensivo de um time, que pode ser aproveitado pelo adversário.

254. **Borússia Dortmund**: tradicional clube alemão.

DICIONÁRIO DE FUTEBOLÊS

255. **Botafogo**: O Botafogo de Futebol e Regatas, do Rio de Janeiro, clube que mais cedeu jogadores à Seleção Brasileira de Futebol e que, entre outros, revelou Garrincha e Nilton Santos ; é conhecido como o Glorioso.

256. **Botar a bola pra dentro**: fazer o gol.

257. **Botar água no chope**: estragar a festa de um time que acabou de ser campeão, vencendo-o no jogo de entrega das faixas..

258. **Botar fogo no jogo**: diz-se da ocorrência de um gol ou da entrada de um jogador que transforma uma partida que parecia resolvida para um dos times num jogo dramático e emocionante.

259. **Botar na roda**: tocar a bola de modo que o adversário fique como numa roda de bobo, sem alcançá-la.

260. **Botar pra correr**: lançar a bola bem distante de onde está o companheiro, obrigando-o a correr para alcançá-la.

261. **Bote**: investida rápida para tomar a bola do adversário.

262. **Box to box**: espaço entre as duas áreas, é o terreno em que atuam os jogadores de meio-campo.

263. **Braçadeira**: faixa que é afixada na manga esquerda da camisa do capitão do time para distingui-lo dos demais.

264. **Bragantino**: O Clube Atlético Bragantino, tradicional clube da cidade de Bragança Paulista, interior de São Paulo.

265. **Brasileirão**: o campeonato de futebol profissional do Brasil.

266. **Brasileiro**: o campeonato de futebol profissional do Brasil.

267. **Brasuca**: a bola oficial da Copa do Mundo do Brasil, realizada em 2014.

268. **Briga de cachorro grande**: jogo entre duas equipes muito fortes, tradicionais.

269. **Brigar com a bola**: equivale a "apanhar da bola", ou seja, não consegue dominar a pelota, colocá-la à feição para um passe ou um chute.

270. **Brigar lá em cima**: entrar numa competição para disputar título e não para fazer número ou Brigar para não cair".

271. **Brigar para não cair**: é a sina dos times mais fracos, mais pobres ou mais desorganizados. Essas equipes entram num campeonato com uma única intenção: escapar do rebaixamento.

272. **Brincar nas onze**: frase do futebol com a qual os jogadores se autoproclamam polivalentes.

273. **Brinco de Ouro da Princesa**: estádio do Guarani Futebol Clube, campeão brasileiro de 1978, de Campinas, interior do estado de São Paulo, onde foi revelado Careca, um dos melhores atacantes do nosso futebol.

274. **Brito**: zagueiro da Seleção Brasileira tricampeã em 1970, no México.

275. **Bruxa (A)**: Marinho Chagas, lateral-esquerdo do Botafogo, do Fluminense, do São Paulo e da Seleção Brasileira em 1974.

DICIONÁRIO DE FUTEBOLÊS

276. **Bruxa está solta (A)**: diz-se de uma fase em que tudo de errado acontece a um time de futebol.

277. **Bruxa**: apelido de Marinho Chagas, lateral da Seleção Brasileira na Copa de 1974, na Alemanha.

278. **Bruxa**: mau agouro. Quando jogadores de um mesmo time sofrem muitas lesões em série costuma-se dizer que a bruxa está solta.

279. **Bugre**: O Guarani Futebol Clube, tradicional clube da cidade de Campinas, interior de São Paulo.

280. **Bumba-meu-boi**: assim se referem os narradores a uma jogada em que um zagueiro entra de qualquer maneira na jogada, na tentativa destrambelhada de roubar a bola do atacante adversário.

281. **Bundesliga**: a liga de futebol profissional da Alemanha.

282. **Buraco**: espaço vazio na defesa ocasionado pela desatenção ou pelo mau posicionamento de algum zagueiro. Em geral esse espaço é aproveitado pelos atacantes adversários.

283. **Burro**: grito muito comum dirigido ao treinador pela torcida insatisfeita com uma substituição ou com a atuação da equipe.

C

284. **Cabeça com cabeça**: choque involuntário entre jogadores que disputam uma bola numa jogada aérea. Causa, normalmente, preocupação em todos os que estão no estádio ou que assistem à partida pela TV pelas consequências danosas que possa ocasionar para os jogadores envolvidos.

285. **Cabeça de área**: jogador que atua na proteção aos zagueiros, dando o primeiro combate à frente da área. Equivale a volante.

286. **Cabeça de bagre**: jogador sem recursos técnicos.

287. **Cabeça em pé**: diz-se do jogador que atua de modo elegante e que, por isso, tem ampla visão do campo e do desenrolar do jogo.

288. **Cabeça inchada**: estado do torcedor após qualquer derrota do seu time.

289. **Cabecear de olhos fechados**: essa expressão indica que o jogador subiu para cabecear sem saber ao certo para ode direcionaria a cabeçada.

290. **Cabeceio (cabeçada)**: é um dos fundamentos que todo jogador deve dominar. É o ato de passar a bola ou tentar o gol usando a cabeça como a parte do cor-

DICIONÁRIO DE FUTEBOLÊS

po que toca a pelota. É o resultado da jogada área e de um cruzamento.

291. **Cabecinha de Ouro**: apelido de Baltazar, artilheiro do Corinthians paulista na década de 40, exímio cabeceador.

292. **Caçar borboleta**: usa-se essa expressão para designar a tentativa espalhafatosa e ineficaz do goleiro de pegar uma bola alçada sobre a área.

293. **Cachaceiro**: diz-se do jogador que gosta de beber e está sempre envolvido em noitadas e farras.

294. **Cachorrada**: a torcida do Botafogo carioca.

295. **Cai-cai**: jogador que cai a toda hora. Essa expressão pode designar um jogador que cai muito para simular faltas e enganar a arbitragem ou que, simplesmente, não tem a força física necessária para aguentar os choques que ocorrem constantemente no futebol, que é, como se sabe, um esporte de contato.

296. **Cada enxadada uma minhoca**: expressão usada para definir o zagueiro que não perde viagem, ou seja, em toda jogada que disputa, acerta também, às vezes maldosamente, o adversário.

297. **Cadenciar (o jogo)**: atitude que uma equipe que está ganhando impõe propositadamente para baixar a intensidade da partida e diminuir o ritmo do jogo, através da adoção de um toque bola mais lento e seguro.

298. **Caixinha de surpresas**: é o que se diz acerca do futebol por ser reconhecidamente um esporte cujos resultados são muitas vezes surpreendentes.

299. **Cal**: pó que é usado para marcar o campo e fazer as diversas linhas que se veem nos gramados: as laterais e de fundo, a que divide o gramado em duas partes, as que delimitam a grande e a pequena área, o quarto de círculo de onde se deve cobrar o escanteio e as marcas do pênalti e de saída de bola.

300. **Calça de veludo ou bunda de fora**: expressão que indica que uma equipe deve partir para o tudo ou nada, ou seja, deve colocar mais atacantes no time, mesmo correndo o risco de desguarnecer a defesa.

301. **Calendário**: o mesmo que época, temporada; refere-se também ao acúmulo de jogos de um time numa determinada fase dos campeonatos.

302. **Cama de gato**: ato em que um jogador, numa disputa de bola pelo alto, em vez de pular, se abaixa. Com isso, o adversário que saltou para alcançar a bola que estava no alto, sem apoio, acaba perdendo o equilíbrio e cai.

303. **Cambalhota**: apelido de Caio, atacante que defendeu diversos times brasileiros, por sua comemoração circense, espalhafatosa e, na época, inusitada.

304. **Camburão**: viatura antiga da polícia carioca que dava nome ao ônibus de alguns times pela quantidade de jogadores indisciplinados que tinham em seus elencos.

305. **Camisa**: é o que veste o jogador de futebol. A camisa de um time é sagrada porque ela representa o clube do coração. Há atletas que tiram a camisa nas comemorações de um gol. Esse gesto é considerado uma

DICIONÁRIO DE FUTEBOLÊS

falta de respeito para com a agremiação, porque fica parecendo que o jogador é maior do que a instituição e que o indivíduo é mais importante do que o coletivo. Pode-se perceber também, por essa atitude, uma afronta ao patrocinador que estampa sua marca na camisa já que, no momento da comemoração de um gol, todas as atenções se voltam para o jogador que assinalou o tento, que aparece em destaque na televisão. Jogadores com salários atrasados são os que mais fazem esse tipo de coisa...

306. **Camisa 10**: meia de ligação, jogador de criação, o craque do time.

307. **Camisola**: a camisa do time, para os portugueses.

308. **Campeonato estadual**: torneio que se realiza com times filiados a uma mesma federação, que tem âmbito estadual.

309. **Campeonato**: as competições em que os clubes se envolvem ao longo da temporada são de vários tipos, conforme a fórmula de disputa. Os campeonatos são mais longos do que os torneios porque todos os times se enfrentam, uma vez no estádio de cada clube e o clube que somar mais pontos é o campeão. Além disso, somam-se todos os pontos conquistados durante o certame. Por isso, esse tido de competição é chamado "por pontos corridos" e os times mais fortes e, por isso, mais regulares, em geral, ganham. Em competições de mata-mata podem ocorrer (e muitas vezes ocorrem!) resultados inesperados porque, nesse tipo de disputa, entram em cena fatores que são diluídos

49

nas disputas por pontos corridos, como importância da torcida, influência da arbitragem, pressão dos jogos fora de casa, etc. Vale muito nos campeonatos a força do elenco, numeroso e de qualidade.

310. **Campinho**: ilustração do campo de futebol onde são exibidas as escalações dos times e por meio da qual os treinadores explicam aos seus jogadores como deve ser o posicionamento deles em campo.

311. **Campo**: o local do jogo. Pode ser usado para designar o piso em que se desenrola uma partida de futebol ou o estádio em que ele está inserido. VER Gramado.

312. **Campo e bola**: expressão que restringe o assunto apenas ao que ocorreu dentro das quatro linhas, excluindo-se da conversa ou do foco as supostas manipulações políticas, os erros de arbitragem, as possíveis contratações em curso, as brigas entre técnico e jogadores, falhas disciplinares de atletas, o ambiente bom ou ruim que vigore nos bastidores etc.

313. **Campusca**: redução vocabular através da qual os torcedores carinhosamente se referem ao Campo Grande, clube da zona oeste da cidade do Rio de Janeiro.

314. **Canarinho**: a seleção brasileira pela cor de sua emblemática camisa.

315. **Canastrão**: diz-se do jogador que simula mal, com imenso exagero e espalhafato, ter sofrido faltas ou agressões.

316. **Cancha**: o campo no linguajar dos portenhos.

317. **Canela de vidro**: jogador que se machuca muito, frágil.

DICIONÁRIO DE FUTEBOLÊS

318. **Caneleira**: proteção para a parte frontal da perna que os jogadores usam para amortecer os choques naturais durante uma partida de futebol.

319. **Caneleiro**: Jogador de pouca técnica, que deixa, por isso, a bola bater-lhe na canela.

320. **Caneta (Por baixo das pernas ou Por baixo da saia)**: passar a bola por debaixo das pernas do oponente. É dos mais clássicos e mais humilhantes dribles que se pode dar ou levar.

321. **Canhão**: chute de grande potência.

322. **Canhão**: jogador que tem um chute muito forte.

323. **Canhotinha de Ouro**: apelido de Gérson, campeão do Mundo com a Seleção Brasileira em 1970.

324. **Canudo**: chute muito forte.

325. **Cão Danado**: apelido de Nunes, centroavante do Flamengo, Fluminense e Santa Cruz.

326. **Cão de guarda**: jogador que protege a defesa com unhas de dentes. Em geral não tem muita técnica, mas compensa o pouco talento com determinação e fidelidade ao treinador.

327. **Capacete**: apelido de Júnior, lateral do Flamengo e da Seleção Brasileira nas Copas de 1982 e 1986.

328. **Capetinha**: apelido do jogador Edílson, que brilhou em várias equipes do Brasil e fez parte da Seleção Brasileira que conquistou a Copa do Mundo de 2002.

329. **Capita**: redução carinhosa a Carlos Alberto Torres, capitão da lendária Seleção de 70.

330. **Capitão**: jogador que é indicado a tirar o "cara ou coroa", antes do início das partidas, sob a supervisão do juiz. É a ele que o árbitro se dirige quando precisa relatar algo a uma equipe. Outra atribuição do capitão é receber a taça ou troféu quando o seu time é campeão de um torneio ou campeonato. É marcado por uma tarja que é afixada sobre a manga esquerda da camisa. Apesar da insígnia, não tem maiores direitos do que os descritos acima. Apesar do que muitos pensam, ele não tem direito de se dirigir ao juiz para fazer reclamações de qualquer natureza. Os que não sabem ou fingem não saber disso, às vezes, são punidos com o cartão amarelo tolamente, por insistirem em fazer algo que a regra do futebol não permite a ninguém. A faixa de capitão, há algum tempo, era entregue a um atleta que exercesse liderança sobre os demais jogadores do elenco, mas hoje, em geral, a braçadeira que designa essa função é entregue ao craque do time ou ao jogador de maior destaque.

331. **Capitão do Tri (Capita)**: apelido de Carlos Alberto Torres, tricampeão do Mundo com a Seleção Brasileira em 1970.

332. **Cara a cara (com o goleiro)**: diz-se do jogador que entra com a bola dominada na área ou conclui uma jogada tendo a sua frente apenas o goleiro adversário, como num duelo.

333. **Cara do gol**: diz-se do jogador que está de frente para o gol, em ótima condição para concluir com êxito uma jogada de ataque.

DICIONÁRIO DE FUTEBOLÊS

334. **Cara do treinador**: diz-se do time que joga conforme as ideias táticas e comportamentais do seu treinador.

335. **Cara ou coroa (toss)**: é a primeira disputa de uma partida de futebol. Os capitães tiram o cara ou coroa para decidirem quem dá a saída e em que lado do campo cada equipe ficará na primeira etapa.

336. **Carga faltosa**: empurrão, trompaço.

337. **Cariacica**: estádio de futebol do Espírito Santo.

338. **Carimbar a barreira**: bater uma falta em cima de um dos jogadores que formavam a barreira.

339. **Carioca**: o campeonato de futebol do Rio de Janeiro.

340. **Cariocão**: o campeonato de futebol do Rio de Janeiro.

341. **Carne de pescoço**: jogador ou time difícil de enfrentar.

342. **Carniceiro**: jogador violento e maldoso, capaz de tirar sangue dos adversários com suas entradas, em geral, desleais.

343. **Carrasco**: diz-se do jogador que sempre marca gols em determinado time adversário ou que com seus gols decretou a derrota, ou a eliminação deste num torneio ou campeonato.

344. **Carregador de piano**: o jogador que, não sendo brilhante, assume as funções subalternas do meio de campo; corre e marca para que outro do seu setor, mais técnico, possa aparecer, fazendo as jogadas de efeito ou decisivas.

345. **Carretilha**: lambreta.

346. **Carrinho**: ocorre quando um jogador, em geral de defesa ou marcador, desliza deitado pelo gramado para

53

chegar mais rápido na bola que está com um adversário, e roubá-la dele. É uma jogada que oferece muito perigo à vítima e, por isso, em geral abominada pelos amantes do bom futebol ou do futebol arte. Apesar disso, é símbolo de raça e de entrega dos jogadores que a utilizam para impedir a progressão de uma jogada perigosa do adversário. Diz-se dos craques que eles não sujam o calção que vestem porque nunca dão carrinhos. Um carrinho pode ser pela frente, por trás maldoso, inocente, conforme a interpretação dos comentaristas e suas paixões clubísticas, mas deve ser sempre punido com pelo menos um cartão amarelo.

347. **Carrinho (carreto)**: carro elétrico que conduz os jogadores contundidos ao vestiário ou, em casos extremos, à ambulância.

348. **Cartão**: é um artefato utilizado pelo juiz para advertir ou punir os jogadores que não se comportam conforme as regras do futebol. O amarelo é a advertência que antecede o vermelho, que significa expulsão.

349. **Cartão amarelo**: é dado ao jogador que comete atitude antidesportiva grave, acima daquela que mereça apenas uma admoestação verbal; é uma forma de advertência e um aviso de que o árbitro, na reincidência do jogador advertido de gesto ou ação incompatível com as regras do jogo, será expulso de campo, deixando sua equipe em inferioridade numérica em relação ao adversário.

350. **Cartão vermelho**: punição máxima a um jogador de futebol, aplicada pelo árbitro da partida. Significa a exclusão imediata do atleta que tenha cometido falta

grave num adversário, que tenha se envolvido em brigas ou que tenha ofendido a honra de algum membro da equipe de arbitragem, ou que tenha reincidido em atitudes antidesportivas já assinaladas pelo árbitro com a apresentação ao infrator do cartão amarelo.

351. **Cartão vermelho direto**: é aplicado a um jogador que cometa atitude antidesportiva grave – agressão, falta muito violenta, ofensa ao árbitro, ofensa à torcida, envolvimento em brigas etc -, sem a necessidade de advertência prévia pelo cartão amarelo.

352. **Cartola**: dirigente de clube.

353. **Cartola Futebol Clube**: jogo de apostas em resultados e na performance dos jogadores durante uma rodada divulgado pelo Sportv.

354. **Casa**: o estádio de futebol oficial de um time; estádio em que um clube manda seus jogos.

355. **Casal Vinte**: dupla de atacantes, formada por Washington e Assis, do vitorioso time do Fluminense, nos anos 80 do século passado. O apelido era uma referência a um famoso seriado de TV que havia na época em que os dois jogadores foram contratados juntos ao Atlético Paranaense, onde já atuavam com sucesso.

356. **Casinha**: o gol, a meta, a defesa. Não são poucos os treinadores que pedem para seus jogadores "protegerem a casinha", ou seja, postarem à frente de sua área de modo a dificultar o avanço dos atacantes adversários à zona de chute.

357. **Casquinha**: tocar de raspão na bola com a cabeça, desviando-a para um companheiro ou para um espa-

ço vazio. É mortal quando esse toque é feito por um atacante posicionado no primeiro pau numa cobrança de escanteio.

358. **Castelão**: estádio de Fortaleza, no Ceará.

359. **Castilho**: goleiro do Fluminense, reserva da Seleção Brasileira de 1958

360. **Catar**: ato do goleiro de pegar a bola com segurança, sem dar rebote, de uma vez só.

361. **Categoria**: diz-se que tem categoria o jogador de técnica apurada, que joga com elegância e classe no ótimo domínio e na condução da bola.

362. **Categoria de base**: divisão de fases dos jovens que aspiram ao futebol profissional.

363. **Catimba**: qualquer atitude cuja intenção seja retardar o jogo, interrompê-lo ou não deixá-lo correr livremente.

364. **Cavadinha**: chute em que o pé pega na bola por baixo dela, fazendo-a subir levemente. É usado para encobrir o goleiro que sai aos pés do atacante ou para fazer um passe sobre um defensor que está na frente, impedindo o passe rasteiro.

365. **Cavalo paraguaio**: chama-se assim a equipe que no início da competição faz grandes partidas, mas não mantém a regularidade ao longo do campeonato, caindo de rendimento do meio para o fim do certame.

366. **Cavar uma falta ou pênalti**: diz-se do jogador que obriga, com seus movimentos, um jogador adversário a lhe fazer uma falta.

367. **CBD**: Confederação Brasileira de Desportos, entidade que antecedeu a CBF.

368. **CBF**: Confederação Brasileira de Futebol. Órgão privado que organiza o futebol brasileiro, suas competições e a seleção nacional.

369. **Ceará**: O Ceará Sporting Club, tradicional clube de Fortaleza, conhecido como Vozão.

370. **Cego**: jogador sofrível, que não tem visão de jogo.

371. **Celeiro**: diz-se de um lugar ou time que revela muitos jogadores bons.

372. **Celeste (olímpica)**: a seleção do Uruguai por ter sua camisa na cor do céu e por sido a primeira campeã olímpica de futebol.

373. **Centenário**: tradicional estádio de Montevidéu, no Uruguai.

374. **Central**: o beque que atua no centro da defesa.

375. **Central do Apito**: conjunto de ex-árbitros que analisam os lances polêmicos de uma partida de futebol

376. **Centroavante**: é o atacante que fica mais próximo do gol adversário. É o finalizador das jogadas e, por isso, em geral é o artilheiro da equipe.

377. **CEO**: líder administrativo de uma instituição esportiva.

378. **Cera**: catimba, retardo deliberado das ações de uma partida promovido pelos jogadores de um time que esteja ganhando com o intuito de não permitir que o jogo se desenvolva, o que daria mais chances ao adversário de atacar e de, possivelmente, inverter o placar.

379. **Cercar**: marcar a distância, sem dar combate efetivo ao jogador adversário que está com a bola.

380. **Chaleira**: jogada em que se bate na bola com o lado externo do pé num movimento em que a perna roda para trás.

381. **Chama a bola de você**: diz-se do jogador que é habilidoso no trato com a bola, que tem intimidade com ela.

382. **Chama a bola de Vossa Excelência**: diz-se do jogador que não tem muita habilidade no trato com a bola.

383. **Chamar a responsabilidade**: diz-se do jogador que, nas partidas mais importantes, sobressai em relação aos demais, por não se omitir e por tentar resolver um jogo individualmente.

384. **Chamar o jogo**: pedir a bola, apresentar-se para as jogadas.

385. **Champions League**: o torneio de futebol mais importante do Mundo, disputado pela elite de clubes da Europa. Sonho de consumo dos jogadores brasileiros.

386. **Chance**: oportunidade de gol.

387. **Chances matemáticas**: usa-se essa expressão para indicar que um time ainda tem chances, mesmo remotas, de conquistar seus objetivos – o título, fuga do descenso, vaga na Libertadores, Acesso à divisão acima etc.

388. **Chapa**: chute com o lado de dentro do pé.

389. **Chapada**: toque ou chute com o lado de dentro do pé.

390. **Chapar**: chutar com o lado de dentro do pé.

DICIONÁRIO DE FUTEBOLÊS

391. **Chapecoense**: Associação Chapecoense de Futebol, clube de Santa Catarina que tem sua história marcada pelo trágico acidente de avião que vitimou grande parte de seu elenco e comissão técnica que viajavam para disputar a final da Copa Sul-Americana de 2016, na Colômbia.

392. **Chapéu (balãozinho)**: é o ato de jogar a bola por cima do adversário para pegá-la à frente. É um drible desmoralizante. É o mesmo que lençol.

393. **Charanga**: Bandinha formada por instrumentos de sopro e de percussão cujo repertório é, em geral, formado por marchinhas de carnaval. Seu intuito é animar ou entreter a torcida.

394. **Checagem do VAR**: período em que o VAR analisa uma jogada em que pode ter ocorrido alguma irregularidade.

395. **Chega pra lá**: o mesmo que chegada.

396. **Chegada**: trombada, encontrão, marcação violenta, chega pra lá.

397. **Chegar à linha de fundo**: levar a bola, por meio de triangulações, tabelinhas ou jogada individual, até as proximidades da área adversária pelo corredor lateral, do campo, de onde se fazem os cruzamentos mais perigosos.

398. **Chegar atrasado**: diz-se do jogador que tenta interceptar a bola, para impedir a progressão de um adversário, mas não a alcança e, assim, ou permite que a jogada evolua ou acaba atingindo o jogador que tinha o domínio da pelota e a conduzia em direção ao gol.

399. **Chegou atropelando**: diz-se do jogador que, na ânsia de ganhar uma disputa de bola, atinge o corpo do adversário violentamente.

400. **Cheirinho**: brincadeira que os torcedores de outros times faziam com os torcedores do Flamengo, quando os rubro-negros se antecipavam nas comemorações de vitórias e títulos que, no fim, acabavam não acontecendo.

401. **Chelsea**: tradicional clube de futebol inglês.

402. **Chicotada**: chute em que o pé faz um movimento para acertar a bola de cima para baixo. A bola, nesses casos, geralmente bate no chão antes de se dirigir ao gol.

403. **Chinelinho**: jogador que, com ou sem razão, vive no departamento médico, ou seja, está sempre contundido, sem condições de jogo.

404. **Chorão**: jogador que reclama de tudo; do árbitro, dos companheiros, dos adversários, do campo, da bola, da torcida...

405. **Chororô**: é como os torcedores do time vitorioso se referem à lamúria em relação à arbitragem e ao resultado da partida pós-jogo do time derrotado.

406. **Chulapa**: apelido de Serginho, centroavante do São Paulo, do Santos e da Seleção Brasileira de 1982.

407. **Chupassangue**: chama-se assim o jogador que não corre ou que não demonstra entusiasmo em campo. Também é chamado de "sem sangue".

408. **Chutaço**: chute muito forte e veloz, em geral indefensável.

409. **Chutão**: chute a esmo para o alto e para a frente.

DICIONÁRIO DE FUTEBOLÊS

410. **Chutar para onde o nariz aponta**: livrar-se da bola ou afastar o perigo que ronda sua própria área, chutando de qualquer maneira para o lado ou para frente.

411. **Chute**: é o fundamento básico e mais importante do futebol. É o gesto de acertar a bola com qualquer parte do pé.

412. **Chute mascado**: chute prensado com o adversário, que perde a força por ter sido atingido no caminho do gol por um pé adversário.

413. **Chuteira**: tipo de tênis apropriado para o futebol por ser dotado de travas, na sola, que auxiliam o equilíbrio do jogador e lhe dão estabilidade nos gramados

414. **Chuteira de ouro**: prêmio dado ao artilheiro de uma competição.

415. **Chutes a gol**: conclusões realizadas por um time durante uma partida.

416. **Chuveirinho**: expressão que equivale pejorativamente a cruzamento, que é uma jogada mais tramada. O chuveirinho consiste em alçar a bola sobre a área adversária para que algum atacante tente cabeceá-la para o gol. É uma jogada improvisada e denota, muitas vezes, o desespero de um time que precisa fazer gol e não encontra caminhos mais fáceis ou concatenados para alcançar seu objetivo. Ocorre muito nos finais de jogo em que à equipe que perde só resta jogar a bola de qualquer maneira sobre a área do time que se defende e que tenta, a todo custo, segurar o placar.

417. **Cícero Pompeu de Toledo**: o estádio do Morumbi.

418. **Cinquenta e oito**: é como se referem os jornalistas à mítica Copa do Mundo de 1958, realizada na Suécia. Essa competição é importante porque foi a primeira conquista do Brasil e por ter sido a Copa em que o Mundo conheceu Pelé e Garrincha, dois gênios eternos do futebol.

419. **Cinquenta**: é como se referem os jornalistas à mítica Copa do Mundo de 1950, sediada pelo Brasil e conquistada pelo Uruguai.

420. **Cintura dura**: jogador que não tem ginga, incapaz de dar um drible ou de fazer uma jogada bonita.

421. **Círculo central**: marcação a cal que indica o lugar de onde se dá a saída para o jogo ou após a marcação de um gol e a distância que deve ser respeitada pelos jogadores do time adversário..

422. **Citizens**: os torcedores do Manchester City.

423. **Claque**: torcida.

424. **Classe**: qualidade dos jogadores elegantes no domínio e condução da bola.

425. **Clássico**: partida em que se enfrentam dois clubes tradicionais de uma cidade, de um estado ou de um país.

426. **Clássico dos Milhões (Clássico das Multidões)**: era como se chamava o jogo entre Vasco e Flamengo, no fim do século XX, por causa das enormes rendas que proporcionavam e dos grandes públicos que atraíam.

427. **Clássico em Preto e Branco**: jogo entre Botafogo e Vasco, dois clubes cujos uniformes são alvinegros.

DICIONÁRIO DE FUTEBOLÊS

428. **Clássico Vovô**: essa expressão refere-se ao jogo entre Fluminense e Botafogo, o mais antigo entre os times do Rio de Janeiro.

429. **Clodoaldo**: cabeça de área clássico do Santos e da Seleção Brasileira de 1970, tricampeão no México.

430. **Cobertura**: é o movimento de um defensor que fica atrás de um companheiro, pronto para assumir seu lugar caso ele não consiga roubar a bola do adversário ao qual deu combate. Diz-se também do posicionamento de defesa em que um jogador assume a posição de um defensor que, extemporaneamente, lançou-se ao ataque, para que a defesa, ou aquele setor dela, não fique desguarnecido.

431. **Cobra (craque)**: o jogador acima da média, muito bom, diferenciado.

432. **Cobra Coral**: é uma denominação atribuída a muitos times por causa das cores de suas camisas. O mais famoso time a ser chamado assim é o Santa Cruz, do Recife.

433. **Cobrador**: o responsável pela cobrança de uma penalidade. O mesmo que batedor.

434. **Cobrar (uma falta, um pênalti, um escanteio)**: executar, chutar, bater (uma falta, um pênalti, um escanteio).

435. **Cobreloa**: tradicional clube do futebol chileno.

436. **Cobrir**: ação de um repórter que acompanha o dia a dia de um clube de futebol.

437. **Coelho**: O América Futebol Clube de Minas Gerais.

63

438. **Coletivo da noite**: treino fictício.

439. **Coletivo**: treinamento em que jogam titulares contra reservas. É como um ensaio geral. Nesse tipo de treino, muitas vezes, os treinadores armam a equipe reserva à semelhança do adversário a ser enfrentado na rodada seguinte, de maneira a habituar os seus jogadores titulares ao esquema que enfrentarão no jogo de verdade.

440. **Colina histórica**: como é chamado o lugar em que fica o estádio de São Januário, do Vasco da Gama.

441. **Colocar a bola em jogo**: cobrar um tiro de meta, uma falta ou um lateral e fazer, com isso, que a bola volta a correr, quicar e voar no campo.

442. **Colocar o pé na forma**: pedido jocoso que a torcida e os narradores fazem a um jogador que costumeiramente chute mal e sem direção.

443. **Colocar**: chutar sem força, mas de maneira direcionada, certeira ao gol.

444. **Colo-colo**: tradicional clube do futebol chileno.

445. **Colorado**: o Internacional de Porto Alegre.

446. **Com a mão na taça**: diz-se do time que está prestes a ganhar o campeonato.

447. **Com azeite**: bola lançada, passada ou chutada com capricho, com esmero.

448. **Com bola e tudo**: jogada em que o atacante recebe sozinho, até sem goleiro, ou vence toda a defesa, com dribles, e entra no gol junto com a bola.

449. **Com efeito**: bola que gira em torno do próprio eixo. É de difícil domínio e controle para o jogador que a recebe.

DICIONÁRIO DE FUTEBOLÊS

450. **Com o bico da chuteira**: a expressão denomina uma jogada extrema, já que não é bem visto o toque na bola com essa parte do pé. Indica, também, que o chute na bola foi dado pelo jogador de qualquer maneira, como último recurso, para aliviar o perigo que rondava seu gol.

451. **Com o freio de mão puxado**: Diz-se de um time que se movimenta lentamente e que não está desenvolvendo seu costumeiro futebol.

452. **Come e dorme**: Jogador que só treina e concentra, mas nunca é escalado ou participa das partidas. Um jogador nessas condições faz parte da chamada "baba".

453. **Comer a bola**: jogar muito bem uma partida, acabar com o jogo, gastar a bola.

454. **Comissão técnica**: grupo de profissionais que auxilia o treinador no preparo da equipe.

455. **Como manda o figurino**: diz-se da jogada executada com perfeição.

456. **Com nojo**: revela o modo como alguns jogadores parecem jogar em campo, ao bater na bola com desprezo e displicência; revela autoestima elevadíssima de quem comporta-se assim.

457. **Compactação**: ato de agrupar a equipe num determinado setor do gramado. Quanto mais rapidamente uma equipe se compactar na defesa, menores serão as chances de o time adversário contra-atacar.

458. **Compactação**: organização esperada pelos técnicos em relação aos seus times, em que todos os jogadores atuam próximos uns dos outros.

459. **Compactar**: jogar com as linhas – defesa, meio-campo e ataque – bem próximas.

460. **Concentração**: é uma espécie de prisão em que os jogadores ficam confinados às vésperas dos jogos. Há clubes que têm seus próprios recantos para a reclusão dos atletas, mas a maioria concentra seus jogadores em hotéis. A razão dessa prática, odiada pela maioria dos boleiros, é evitar que algum jogador cometa excessos com bebidas ou sexo na noite anterior às partidas. Nem sempre funciona. São muitos os relatos que comprovam a ineficácia desse expediente; ou porque há sempre aqueles que conseguem burlar a vigilância e fogem dos locais em que deveriam passar a noite descansando ou porque aquilo que se queria evitar acaba ocorrendo lá dentro mesmo.

461. **Concluir**: arrematar ao gol, completar uma jogada ofensiva, chutando ou cabeceando a bola na direção da meta adversário.

462. **Condição legal**: dizem os narradores e comentaristas, ao verem o replay de uma jogada, sobre a posição de um jogador ao receber a bola no ataque. Se o árbitro anotou o impedimento, terá errado no lance; se ele deixou a jogada prosseguir, estará inocentado daquilo que, a primeira vista, a olho nu, parecera um erro da arbitragem.

463. **Cone**: diz-se do jogador que só fica parado em campo, sem participar muito das jogadas.

464. **Confederação**: reunião das federações estaduais.

465. **Conferência**: entrevista coletiva.

DICIONÁRIO DE FUTEBOLÊS

466. **Conferir**: concluir uma jogada e fazer o gol; é uma ação esperada dos centroavantes ou atacantes de área. Dele deve-se esperar que confira um lance ou complete um lance a partir de um rebote do goleiro, de uma bola mal atrasada pelo zagueiro, de um vacilo qualquer da zaga. Os atacantes que conferem todas são, em geral, os maiores artilheiros.

467. **Confiança**: condição psíquica muito valorizada pelos boleiros. Diz-se que com ela um jogador pode tudo. Sem ela, "não acerta um passe de cinco metros".

468. **Confronto direto**: usa-se essa expressão para designar um jogo, num campeonato por pontos corridos, em que duas equipes que disputam posição diretamente se enfrentam.

469. **Confusão (Zona da)**: zona de rebaixamento, os quatro últimos colocados no campeonato brasileiro e que, por sua posição na tabela, correm o risco de serem rebaixados à série B, à segunda divisão.

470. **Conjunto**: estágio buscado por todo treinador para a sua equipe. Equivale a entrosamento.

471. **Conjunto da obra**: os jornalistas usam essa expressão para justificar a aplicação, pelo juiz, de um cartão amarelo a um jogador que, aparentemente, não tenha feito uma falta merecedora por si só de tal punição, mas que tenha feito muitas faltas ao longo da partida.

472. **Consagrar**: propiciar a um companheiro a chance de fazer história numa partida, dando-lhe passes ou participando com ele de jogadas inusitadas.

67

473. **Constrangimentos**: ataques constantes ao time adversário.

474. **Construção**: criação de jogadas ofensivas.

475. **Construir**: criar jogadas ofensivas.

476. **Contra-ataque**: é a resposta rápida a um ataque. Ao roubar a bola do time adversário, que se preparava para atacar, a equipe que defendia parte em velocidade para o ataque, aproveitando-se da desarrumação da defesa contrária. É um golpe quase mortal porque pega, em geral, a zaga desguarnecida e, por isso, em desigualdade numérica de jogadores.

477. **Convocação**: lista de jogadores chamados para servir à seleção brasileira de futebol. É aguardada ansiosamente pela imprensa, pelos jogadores que se acham em condições de vestir a amarelinha e pelos torcedores. Valoriza muito um atleta estar na lista de convocados.

478. **Copa**: torneio em que a disputa é eliminatória e que leva à final os dois sobreviventes da série de jogos de mata-mata de que é composto.

479. **Copa do Brasil**: torneio no sistema de mata-mata que envolve equipes de todas as divisões do futebol brasileiro: os quarenta da primeira e da segunda divisões e mais duas ou três dezenas de clubes que conseguem acesso a essa competição por vias variadas. Normalmente, a competição envolve 64 times; Na primeira rodada, saem 32 times, eliminados em duas partidas de ida-e-volta. Na segunda rodada, passam os 16 vencedores de novo confronto de mata-mata. Novamente, na

DICIONÁRIO DE FUTEBOLÊS

terceira rodada, a metade avança e os outros são eliminados. Por fim, sobram dois times, que sobreviveram aos 10 jogos anteriores, que fazem a grande final, também em dois jogos. O que somar mais pontos ou maior saldo de gols nas duas partidas finais é o campeão.

480. **Copa do Mundo**: torneio que envolve 32 seleções nacionais que representam os cinco continentes. É realizada de quatro em quatro anos em um país escolhido entre os candidatos a sediar o evento. A primeira Copa do Mundo foi em 1930 e foi vencida pelo Uruguai. O Brasil é o maior ganhador de Copas do Mundo com cinco conquistas e também o único país que disputou todas as edições do torneio.

481. **Copa do Nordeste**: torneio realizado com interrupções desde 1994, reúne as principais equipes da região nordeste do Brasil. É organizado desde 2010 pela CBF, constando, a partir daí, do calendário oficial do futebol brasileiro.

482. **Copa União**: Campeonato Brasileiro em formato especial realizado em 1987. Naquela temporada, os clubes foram divididos em dois módulos, amarelo e azul; o regulamento previa que os campeões dos dois módulos deveriam se enfrentar para que se conhecesse o campeão brasileiro. Como o campeão do módulo amarelo, o Flamengo, recusou-se a jogar a tal partida decisiva, o Sport foi considerado o campeão. A polêmica foi parar nos tribunais e o campeão de fato e/ou de direito dessa competição é até hoje motivo de controvérsia.

483. **Copa Verde**: campeonato disputado por times do centro-oeste brasileiro.

484. **Corinthians**: tradicional clube de São Paulo, detentor da segunda maior torcida do Brasil; o Timão.

485. **Coritiba**: O Coritiba Foot Ball Club, tradicional agremiação do Paraná, campeão brasileiro em 1985.

486. **Corner (ou Escanteio ou, ainda, Tiro de esquina)**: normalmente é um chute alto sobre a área adversária, desferido por um chutador habilitado para isso. A intenção é encontrar um companheiro que cabeceie a bola na direção do gol ou que a prepare para outro que defina a jogada.

487. **Corner de mangas curtas**: é como alguns chamam uma falta perto da linha de fundo ofensiva ou próxima à linha de lado, perto da área. Por não oferecer ângulo para um chute direto, assim como o escanteio, exige na cobrança um cruzamento sobre a área.

488. **Cornetar**: criticar, pedir a entrada ou a saída de um jogador, de um técnico.

489. **Corredor central**: espaço em que transitam prioritariamente os jogadores de meio-campo, em frente às duas grandes áreas.

490. **Corredor lateral**: espaço pelo qual evoluem predominantemente os laterais e os pontas

491. **Corredor**: espaço livre na defesa pelo qual evoluem com liberdade os jogadores de ataque do adversário.

492. **Correr pro abraço**: comemorar com os companheiros um gol ou uma jogada.

493. **Correu pra não chegar**: diz-se jogador que nitidamente vai numa jogada sem vontade, sem gana, sem raça.

494. **Corta-luz**: deixar a bola passar para um companheiro posicionado em melhores condições. Deixadinha.

495. **Cortar pra dentro**: dar um drible na direção da perna de apoio ou, estando o jogador com a bola junto à linha lateral, conduzir a bola para a parte mais interna do campo.

496. **Cortar pra fora**: dar um drible na direção da perna que conduz a bola ou, estando o jogador com a bola no corredor central do campo, conduzir a bola para a parte mais externa do campo.

497. **Cortar**: interceptar um passe, impedir a progressão de uma jogada.

498. **Corte**: drible seco, travamento abrupto da bola por quem a está conduzindo.

499. **Corte**: o ato de interceptar uma jogada.

500. **Costurar**: correr com a bola em várias direções, evitando a marcação do adversário.

501. **Cotovelada**: agressão tosca e pouco tolerada no meio do futebol pela covardia do gesto.

502. **Couto Pereira**: o estádio do Coritiba, de Curitiba, no Paraná.

503. **Coxa**: é a denominação do Coritiba, tradicional clube do Paraná.

504. **Cozinha**: é a defesa de um time de futebol, formada em última instância pelo goleiro e pelos três ou quatro zagueiros que atuam à sua frente.

505. **Cozinhar o jogo**: trocar passes sem a intenção de fazer a jogada evoluir, mas sim de fazer o tempo passar sem correr riscos. É a atitude um time que está ganhando ou que já alcançou o resultado de que necessita e inclui a cera e a catimba.

506. **CR7**: Cristiano Ronaldo, por jogar sempre com a camisa número 7 às costas.

507. **Craque**: jogador que possui habilidades e competências muito acima da média de sua época.

508. **Cravar**: chutar com força e precisão.

509. **CRB**: O Clube de Regatas Brasil, de Maceió, nas Alagoas, conhecido como Galo da Praia.

510. **Cria**: jogador criado no próprio clube, formado nas divisões de base do time, revelação, juvenil.

511. **Criação**: é função dos jogadores de meio-campo, em geral os mais lúcidos.

512. **Criar**: ato de fazer o jogo fluir, encontrando os companheiros mais bem colocados em campo para os passes.

513. **Criciúma**: tradicional clube de Santa Catarina.

514. **Crise**: termo que define um momento de um time em que nada dá certo e a equipe acumula insucessos. Muitas vezes a crise culmina ou se encerra com a demissão do treinador.

515. **Cristiano Ronaldo**: craque português histórico do Real Madrid, da Juventus e do Manchester United, campeão da Eurocopa com Portugal em 2016, escolhido o Melhor do Mundo em cinco temporadas; é

DICIONÁRIO DE FUTEBOLÊS

o jogador com o maior número de gols em partidas oficiais; ganhou cinco vezes a Champions League.

516. **Critério**: o que desempata um campeonato que termine com mais de um time na primeira posição; pode ser número de vitórias, de gols marcados ou saldo de gols.

517. **Critério**: o que se cobra da arbitragem, aplicar na mesma medida a regra do jogo em todas as circunstâncias da partida.

518. **Cruz de Malta**: símbolo do Clube de Regatas Vasco da Gama.

519. **Cruza**: ordem ou apelo que se dá a um jogador que esteja com a bola nas imediações da área e que, por não ter ângulo para o chute, deve levantar a bola sobre a área adversária para que ela possivelmente encontre a cabeça de algum atacante do seu time.

520. **Cruzamento**: levantamento da bola sobre a área do adversário.

521. **Cruzamento aberto**: O cruzamento é aberto quando a bola descreve uma curva e só começa a descer já nos limites da grande área, na direção da segunda trave.

522. **Cruzamento fechado**: O cruzamento é fechado quando a bola começa a cair mais ou menos na direção da primeira trave, ou da trave mais próxima do jogador que cruza, quase entrando direto no gol do adversário.

523. **Cruzeiro**: Tradicional clube de Belo Horizonte, Minas Gerais.

524. **CSA**: O Centro Sportivo Alagoano, tradicional clube das Alagoas.

525. **Curinga**: jogador que atua em mais de uma posição, polivalente

526. **Curtinha**: passe para um jogador que está bem próximo.

527. **Curva**: lugar, na Itália, em que ficam os torcedores organizados.

528. **Curva**: trajetória sinuosa que os jogadores imprimem à bola para que ela não seja alcançada pelos adversários, quando nos passes, ou pelo goleiro, quando nos chutes.

529. **Cusparada**: agressão inaceitável, em geral, punida com cartão vermelho.

530. **Cutucar**: empurrar a bola com decisão para o gol.

D

531. **Da cintura pra baixo é bola**: diz-se do jogador que acerta tudo o que vê pela frente, até o adversário.

532. **Dança dos técnicos**: essa expressão denomina as diversas trocas de treinadores durante um campeonato.

533. **Dar**: passar a bola, fazer um passe.

534. **Dar a saída**: começar o jogo, o pontapé inicial

535. **Dar amplitude**: posicionar (o técnico) seus jogadores nas margens do campo, espalhá-los, para que os espaços entre eles sejam maiores, dificultando a marcação adversária.

536. **Dar de canela**: é uma das piores coisas que podem acontecer a um jogador profissional. Demonstra falta de habilidade. Não é à toa que são chamados de caneleiros os jogadores de pouca técnica.

537. **Dar de letra**: fazer o passe passando o pé direito por trás do pé esquerdo, ou com o esquerdo, passando por trás do pé direito.

538. **Dar o bote**: ir em cima do adversário que está com a bola, dar combate, marcar.

539. **Dar olé**: tocar a bola sem que o adversário possa roubá-la e sem a intenção de progredir com a jogada.

540. **Dar um calor**: pressionar o adversário, amassar a equipe contrária em seu próprio campo.

541. **Dar um chocolate**: ganhar de goleada (geralmente de três gols ou mais) e ser muito superior ao adversário.

542. **Dar um nó**: driblar um jogador de tal maneira que ele trance as pernas na tentativa de evitar a passagem da bola.

543. **Dar um nó tático**: armar um esquema tático que anule todas as armas do adversário, que se vê, assim, impedido de desenvolver seu melhor futebol.

544. **Dar um tapa na bola**: bater na bola com leveza, com força suficiente apenas para alcançar um companheiro ou para fazer o gol.

545. **Dar um tijolo**: é o mesmo que devolver quadrada, ou seja, retribuir um bom passe com um passe ruim. Fora do alcance do companheiro ou muito forte, que lhe dificulte o domínio.

546. **Dar um toque a mais**: passar da conta numa jogada, enfeitar, demorar muito a fazer um passe ou a chutar em gol.

547. **De bate-pronto**: chutar uma bola que venha pela alto deixando-a quicar apenas uma vez no chão.

548. **De bicicleta**: chute em que o jogador, de costas para o gol, atinge com o peito do pé a bola que vem pelo alto. O movimento que deve ser feito pelo atleta para alcançar a bola lembra o de pedalar uma bicicleta, daí o nome.

DICIONÁRIO DE FUTEBOLÊS

549. **De bico**: é o chute que se dá com a ponta do dedão do pé. Não é um fundamento muito apreciado e só é usado pelos menos habilidosos ou em situações extremas.

550. **De cabeça**: É a conclusão de um cruzamento, ou seja, de um passe que vem pelo alto de um dos lados do campo. Exige sincronismo entre quem cruza e quem cabeceia a bola, além de impulsão desse último. É o resultado da jogada aérea.

551. **De calcanhar**: passe ou chute plástico e, de certa forma, acrobático, sobretudo quando é feito pelo alto, em que o jogador toca na bola com a parte posterior do pé. É surpreendente e resulta, quando bem executado, em boas jogadas de ataque. Quem se notabilizou pelo uso constante desse expediente nas partidas que disputou foi o Doutor Sócrates, ídolo do Corinthians e da Seleção Brasileira.

552. **De canela**: gesto que denota falta de técnica, imprecisão.

553. **De chapa**: bater na bola com o lado de dentro do pé.

554. **De graça**: perder facilmente uma bola para o adversário, numa jogada que, em princípio, aparentemente, não oferecia risco.

555. **De letra**: ocorre quando o jogador atinge a bola passando o pé que vai chutar, em geral o pé bom, por trás do pé de apoio. É uma jogada plástica, mas considerada desrespeitosa por muitos zagueiros, se não ficar caracterizado que aquele era o último recurso do jogador que a executou para conseguir o chute ou o passe.

556. **De mão trocada**: : gesto técnico em que o goleiro tenta interceptar a bola com a mão contrária ao lado em que a bola foi chutada.

557. **De presente**: entregar a bola ao adversário, desavisadamente, por distração.

558. **De prima (de primeira)**: acertar a bola sem ajeitar para o chute, pegar nela do jeito que ela veio.

559. **De primeira**: passar, rebater ou chutar uma bola com apenas um toque, sem ajeitá-la.

560. **De puxeta**: jogada em que um jogador atinge a bola, que ia escapando ao seu domínio, com a parte de trás do pé.

561. **De seleção**: jogador selecionável, capaz de servir à seleção brasileira, ser convocado para jogar com a amarelinha

562. **De trivela**: chute plástico, próprio dos chutadores mais técnicos, que serve para passes ou conclusões a gol, em que se usa o lado externo do pé. Promove um efeito na trajetória da bola que, em geral, engana os adversários, sobretudo o goleiro.

563. **De voleio**: acertar a bola que venha pelo alto ou a meia altura sem deixá-la tocar o chão. É uma jogada que, se bem executada, pode ser muito bonita e resultar em um golaço.

564. **Deca**: radical relativo a dez, que se usa, por exemplo, em decacampeão, caso do América Mineiro.

565. **Decidir**: diz-se de um jogador que, por suas qualidades e/ou por sua frieza, é capaz de resolver uma situação difícil de sua equipe.

DICIONÁRIO DE FUTEBOLÊS

566. **Décimo segundo jogador**: assim é chamada a torcida que "joga" com o time, incentivando o tempo todo.

567. **Decisão**: partida final, finalíssima, o jogo que decide o campeonato.

568. **Dedo do treinador**: diz-se quando os procedimentos de um time revelam o domínio de um treinador no modo como seus jogadores se comportam em campo.

569. **Defender em dois tempos**: é a defesa do goleiro em que ele primeiro amortece a bola para depois encaixá-la.

570. **Defesa central**: o zagueiro que atua mais próximo de sua área.

571. **Defesa**: diz-se do goleiro que impediu a bola de entrar no seu gol. Uma defesa pode ser parcial, quando o goleiro espalma a bola em vez de encaixá-la, sem rebotes, quando ele a encaixa absolutamente, ou, ainda, em dois tempos, quando ele a amortece para depois protegê-la com as mãos, junto ao corpo. Conforme o grau de dificuldade, a defesa pode ser fácil, difícil ou, até, milagrosa.

572. **Defesa**: é composta pelos jogadores que atuam mais próximos do seu próprio gol, à frente do goleiro, tentando de todas as formas impedir que os adversários posicionem-se confortavelmente para o chute ou que invadam a área para concluir ao gol de mais perto.

573. **Definidor**: diz-se do atacante que só tem uma função no time, concluir as jogadas, tentar empurrar a bola, por qualquer meio, para dentro do gol adversário.

574. **Deixa**: grito/ordem que um jogador mais bem colocado para concluir ou dar sequência a uma jogada

dá para seu companheiro para que este não vá na bola ou a deixe passar.

575. **Deixadinha**: subterfúgio que um jogador usa, simulando ir à bola, para dominá-la, levando consigo o seu marcador, e deixar a bola passar ao seu lado, ou entre suas próprias pernas, para que ela vá alcançar surpreendentemente um companheiro mais bem colocado que está chegando por trás dele.

576. **Deixar**: fazer um corta-luz, não interromper a trajetória da bola, permitindo que ela chegue a um companheiro mais bem colocado.

577. **Deixar jogar**: é a atitude de um time que não exerce uma marcação cerrada sobre o adversário.

578. **Deixar na cara do gol**: usa-se essa expressão quando um jogador dá um passe milimétrico e genial que deixa um companheiro livre para marcar o gol.

579. **Deixar o braço**: diz-se de um jogador que, ao disputar uma bola no alto, abre maldosamente um dos braços para atingir o adversário no rosto; é um gesto que revela o dolo num lance aéreo dividido.

580. **Deixar o gramado**: sair de campo, ser substituído.

581. **Deixar o jogo correr**: atitude do árbitro que não marca muitas faltas, ou seja, não para muito a partida.

582. **Deixar o pé**: atitude maldosa de um jogador que entra firme numa jogada, acerta a bola, mas mantém o pé perigosamente no alto para atingir, também, o adversário.

583. **Deixar tudo em campo**: (o jogador) não economizar energia nem empenho da disputa de uma partida.

DICIONÁRIO DE FUTEBOLÊS

584. **Departamento médico**: é onde são tratados os jogadores de futebol vítimas de lesões.

585. **Derby**: clássico, jogo disputado por times tradicionais e rivais de uma mesma cidade.

586. **Derrota**: o que ninguém deseja.

587. **Desabar**: cair teatralmente no gramado.

588. **Desagregador**: diz-se do jogador que por suas atitudes acaba dividindo o elenco em pequenos grupos, chamados de panelinhas.

589. **Desarme**: ato de tirar a bola do adversário.

590. **Descenso**: queda de divisão.

591. **Desconforto**: no futebol é um eufemismo para dor.

592. **Desencantar**: fazer um gol depois de longo jejum.

593. **Desequilibrar**: diz-se do jogador que por sua ótima atuação levou seu time à vitória.

594. **Deslocar o goleiro**: ato de ludibriar o goleiro com uma dissimulação corporal, fazendo-o acreditar que a bola será jogada num canto e, chutar a pelota no lado oposto àquele para o qual o goleiro pulou.

595. **Despachar**: chute dado por um jogador com o intuito de tirar a bola das imediações de sua própria área.

596. **Desvio**: é a bola que bate inadvertidamente num jogador de defesa e engana o goleiro ou outro companheiro de zaga. Pode significar também que a bola bateu num jogador de defesa antes de sair, o que configura o escanteio.

597. **Deus da Raça**: Como era chamado o jogador Rondinelli, do Flamengo.

598. **Devolve**: é o grito de um jogador que acabou de passar uma bola para um companheiro e a quer de volta por se ver em melhores condições de levar o jogo adiante.

599. **Devolver quadrada**: receber a bola de um companheiro e passá-la de volta sem direção, ou muito forte.

600. **Devolver**: retornar a bola a quem originalmente deu um passe.

601. **Dez (O)**: em geral é o craque do time, o maestro, a referência técnica da equipe.

602. **Di Maria**: craque da seleção argentina, autor do gol que deu aos portenhos o título da Copa América de 2021, disputada no Brasil.

603. **Di Stefano**: lendário jogador argentino, considerado por muitos o maior daquele país em todos os tempos.

604. **Diabo louro**: epíteto de Doval, atacante argentino que fez grande sucesso no futebol carioca na década de 1970, atuando por Flamengo e Fluminense.

605. **Diabo**: o América Futebol Clube.

606. **Diamante Negro**: epíteto de Leônidas da Silva.

607. **Dida**: craque do Flamengo na década de 1950.

608. **Dida**: goleiro da Seleção Brasileira na Copa do Mundo de 2006.

609. **Didi**: grande craque do Botafogo de Futebol e Regatas e da Seleção brasileira bicampeã do Mundo em 1958 e 1962.

610. **Diferenciado**: o jogador que tem habilidades que os demais não possuem.

DICIONÁRIO DE FUTEBOLÊS

611. **Diferente**: o jogador diferenciado

612. **Direito de imagem**: é o que os clubes repassam a seus atletas por utilizarem a sua imagem nos jogos que são transmitidos pela televisão, que paga aos clubes para transmitir seus jogos.

613. **Direitos econômicos**: o valor de um jogador, determinado em contrato.

614. **Discutir o jogo**: diz-se de um time que joga de igual para igual com o adversário, não se deixando dominar territorialmente nem permitindo ao rival a posse confortável da bola.

615. **Disputa de pênaltis**: quando uma partida decisiva ou eliminatória termina empatada, inclusive na prorrogação, decide-se o campeão, ou quem vai adiante na competição, em disputa de pênaltis, que são cobranças alternadas de penalidades feitas pelos jogadores escolhidos para tal tarefa. É um momento dramático do futebol, que já fez heróis e vilões na história desse esporte, porque opõe, como num duelo, o goleiro e um jogador de linha. Há jogadores que ficam marcados para o resto da vida por perderem essas cobranças ou por defenderem, no caso dos goleiros, chutes decisivos.

616. **Disputa de pênalti é loteria**: é o que se diz sobre essa forma de se decidir o resultado de uma partida; quem diz isso, atribui à sorte ou ao azar o resultado das cobranças de penalidades máximas da marca do pênalti e, de certa forma, se exime da responsabilidade na hora das cobranças.

617. **Dívida**: o que mais os clubes acumulam ao longo de sua história.

618. **Dividida**: lance em que dois jogadores adversários chegam juntos na bola; muitas vezes, um dos jogadores acaba se machucando, em geral por excesso de força empregado pelo vencedor da disputa ou pelo uso de expediente físico penalizado pelas regras do futebol.

619. **Divino**: apelido de Ademir da Guia, craque do Palmeiras nos anos sessenta do século XX.

620. **Divisão**: série, nível em que os clubes são divididos, conforme suas forças políticas, econômicas e técnicas.

621. **Divisão de elite**: a primeira divisão do futebol brasileiro.

622. **Djalma Santos**: grande lateral do Brasil na Copa do Mundo de 1958, em que foi eleito o melhor jogador de sua posição, apesar de só ter jogado a partida final.

623. **Djalminha**: craque revelado pelo Flamengo, que jogou em diversos clubes brasileiros e estrangeiros.

624. **DM**: departamento médico do clube.

625. **Dobra de marcação**: ocorre quando dois jogadores marcam um adversário.

626. **Dois em um**: é o tipo de marcação em que dois jogadores investem sobre um. Como se sabe, as equipes têm o mesmo número de jogadores em campo; por isso, ter sempre dois contra um adversário na disputa pela bola é uma atitude defensiva arrojada que exige preparo físico, disciplina tática e entrega dos jogadores.

627. **Dois toques**: é um treinamento que potencializa nos jogadores a capacidade de dar passes rapidamente

e sob pressão. É também um tipo de conduta que as equipes adotam quando desejam fazer o adversário cansar e a bola correr sem correr risco de perdê-la. Muitas vezes a jogada é chamada de um dois.

628. **Do meio da rua**: chute dado de muito longe do gol. É considerada falha do goleiro permitir que um jogador faça um gol numa bola chutada de tão longe.

629. **Domina a criança**: mata a bola, amortece a pelota, coloca-a no chão sob seu domínio.

630. **Dominar a bola**: controlar o balão, tê-lo sob sua posse, a seus pés.

631. **Dominar a partida**: envolver o adversário.

632. **Domingada**: designa o erro cometido por um defensor numa jogada aparentemente fácil.

633. **Domínio da bola**: gesto técnico que garante ao jogador receber a bola em qualquer situação.

634. **Domínio territorial**: ter a bola e evoluir por uma parte grande do gramado, empurrando o adversário para a sua própria área.

635. **Dor de cabeça**: assim se referem os comentaristas à dúvida que o treinador tenha para escalar a equipe. A dor de cabeça pode ser boa, se ele tem muitas opções para definir o time principal, ou ruim, se ele não conta no elenco com bons jogadores para escalar.

636. **Doutor**: Sócrates, jogador do Corinthians e da Seleção Brasileira em 1982 e 1986.

637. **Dragão**: símbolo do Atlético Goianiense.

638. Driblar: enganar com um movimento do corpo ou na condução da bola um adversário.

639. Drible: artimanha para ludibriar o adversário e passar por ele, ficando livre para fazer a jogada evoluir.

640. Drible curto: é o drible aplicado num espaço pequeno do campo. Há jogadores que seriam capazes de driblar sobre um guardanapo ou sobre um lenço.

641. Drible da vaca (De parede): de frente para o marcador, o atacante passa a bola por um lado do adversário e corre pelo outro. O zagueiro na maioria das vezes fica sem saber se vira para o lado em que a bola foi jogada ou se acompanha o atacante que está passando pelo outro. Na dúvida, muitas vezes opta por obstruir a passagem do oponente, fazendo falta.

642. Drible de corpo: é o ato de enganar o adversário sem tocar na bola, apenas pelo balanceio do corpo, que parece ir para um lado, no que é acompanhado pelo marcador, mas vai para ou outro.

643. Drible raio X: Drible em que o atacante parece querer passar por dentro do marcador. Em geral, não alcança êxito quem tenta esse tipo de jogada.

644. Duas linhas de quatro: armação em que à frente da linha de zagueiros formada por quatro jogadores postam-se quatro jogadores de meio-campo. É muito utilizada pelos times argentinos, ótimos nessa postura defensiva.

645. Duelo de alvinegros: partida disputada por dois times cujas cores sejam o preto e o branco.

DICIONÁRIO DE FUTEBOLÊS

646. **Duelo de gigantes**: partida disputada por dois times que lutam pelo título, donos de grandes torcidas.

647. **Duelo de invictos**: partida disputada por dois times que ainda não tenham perdido numa competição.

648. **Duelo de tricolores**: partida disputada por dois times que tenham três cores na bandeira.

649. **Duelos individuais**: embates entre dois jogadores contrários num determinado setor do campo.

650. **Dúvida**: jogador que não tem escalação garantida pelo técnico para uma partida de futebol

E

651. **É fulano e mais dez**: diz-se isso para se destacar a importância de um jogador para uma equipe. Ou seja: não importam os outros dez jogadores do time; todos só querem saber que o tal craque a que a expressão faz referência seja escalado.

652. **É mais um gol brasileiro, meu povo**: bordão de Silvio Luiz, narrador esportivo, famoso por suas tiradas e por seus inúmeros bordões.

653. **É pra cartão**: Diz da falta que mereceria punição com um cartão de advertência, amarelo ou vermelho, conforme a gravidade do lance.

654. **É pra fazer**: diz-se da chance clara de gol, em que o jogador que está na bola não pode perder o gol.

655. **É seleção**: afirmativa peremptória da torcida, preconizando a convocação de um jogador que esteja em ótima frase.

656. **É seleção**: grito em que a torcida homenageia um craque do seu time que foi convocado para a seleção brasileira ou que, na visão dela, já mereça uma convocação.

657. **É só fazer**: essa expressão é usada pelos narradores quando veem um atacante sozinho, na cara do gol, e só esperam a conclusão da jogada para gritar gol.

DICIONÁRIO DE FUTEBOLÊS

658. **É tetra**: grito comemorativo de Galvão Bueno, locutor esportivo, quando da conquista pelo Brasil da Copa do Mundo de 1994, nos EUA.

659. **Efeito**: consequência de uma batida na bola especial. O efeito é a trajetória que a pelota toma, cheia de mudanças repentinas no seu percurso, que dificulta a defesa do goleiro e exige muita técnica do companheiro para dominá-la.

660. **El Loco**: Apelido de Sebastian Abreu, jogador uruguaio que atuou pelo Botafogo de Futebol e Regatas de 2010 a 2012

661. **El Toro**: apelido de Erison, centroavante do Botafogo de Futebol e Regatas.

662. **Elástico**: É um drible de rara beleza, que exige técnica do executor da jogada. Consiste em pisar com um dos pés na bola e fazê-la deslizar para longe do corpo, como se fosse rolá-la para um companheiro ao lado, e, repentinamente, trazê-la de volta. Quando bem executado, o marcador acompanha o movimento da bola, e se vira para o lado para o qual a bola parecia estar indo enquanto o atacante a puxa de volta, como se ela estivesse presa a um elástico, e sai livre pelo lado contrário.

663. **Eles fingem que pagam, a gente finge que joga**: frase atribuída a Vampeta, quando de sua apagada passagem pelo Flamengo, quando o rubro-negro do Rio montou um elenco recheado de grandes nomes do futebol brasileiro.

664. Eliminatórias: torneios continentais que precedem uma Copa do Mundo. Nele, são selecionadas as seleções que participarão do grande torneio da FIFA.

665. Elite: os maiores times de futebol do Brasil, os mais ricos.

666. Em banho Maria: Cozinhar o jogo, trocar a bola de um lado para outro sem agredir o adversário..

667. Em cima da linha: bola dramática que para ou rola sobre a linha do gol. A bola tirada de cima da linha torna o defensor um herói.

668. Em cima do lance: frase do narrador Silvio Luíz que indica proximidade do juiz numa jogada.

669. Em linha: Diz-se da defesa em que os jogadores se posicionam enfileirados paralelamente. Tal armação facilita as ações do ataque adversário porque não há cobertura e que, por isso, permite infiltrações.

670. Em time que está ganhando não se mexe: Máxima do futebol que preconiza a manutenção da mesma escalação do time que venceu a partida anterior no jogo seguinte, mesmo que haja um jogador considerado titular pronto para voltar ao time titular depois de se recuperar de uma contusão ou de cumprir suspensão.

671. Embaixada: é a jogada em que se controla a bola jogando-a para o alto, batendo nela com o peito do pé, sem deixar que ela toque o chão. Durante uma partida oficial, pode ser considerada uma firula e um gesto de menosprezo ao adversário.

672. Embala-neném: o gesto eternizado por Bebeto quando da comemoração de um gol contra a Holanda, na Copa do Mundo de 1994, conquistada pelo Brasil.

673. **Embalou**: diz-se do time que ganha partidas em sequência.

674. **Embarcou agora e já quer sentar na janela**: frase cuja autoria é atribuída a Romário para deixar claro aos mais novos, desejosos de fama e de benefícios, que os veteranos ou mais experientes têm prioridades e privilégios dentro e fora de campo.

675. **Embolou**: diz-se de um campeonato em que vários times têm a mesma pontuação ou estão muito próximos na tabela de classificação.

676. **Emendar**: chutar a bola sem dominá-la, do jeito que ela chega, pelo alto ou rasteira; pegar de primeira.

677. **Emocional**: o lado psicológico dos jogadores e dos times em geral.

678. **Emocionou-se**: diz-se do jogador comum que, ao realizar uma grande jogada, tenta ampliá-la e acaba estragando o que fizera de início.

679. **Empate**: jogo em que duas equipes fazem o mesmo número de gols ou sequer conseguem abrir o placar. É um resultado frustrante para as duas equipes, e para os torcedores, ainda que em certas situações, o empate acabe favorecendo um dos times envolvidos.

680. **Empresário**: agente, procurador. Pessoa que cuida dos interesses financeiros de um atleta. É ele que negocia com os clubes as transferências do "seu" jogador e os contratos.

681. **Empréstimo**: cessão não definitiva de um jogador a outro clube por tempo determinado.

682. **Empurra-empurra**: o movimento por espaço dos jogadores de ataque e de defesa antes da cobrança de um escanteio ou de uma falta lateral.

683. **Encaixar (o goleiro)**: agarrar firmemente a bola, sem dar rebote ao adversário.

684. **Encaixar (o jogo)**: diz-se que um time encaixou quando o time está entrosado e as jogadas fluem com naturalidade.

685. **Encardido**: jogador difícil de ser marcado.

686. **Enceradeira**: apelido de Zinho, campeão do Mundo com a Seleção Brasileira em 1994.

687. **Encher o pé**: chutar com muita força.

688. **Enciclopédia do Futebol**: apelido de Nilton Santos, o maior lateral esquerdo de todos os tempos, segundo a FIFA.

689. **Encorpar o elenco**: contratar jogadores para dar ao técnico mais opções para a montagem do time.

690. **Enfeitar**: burilar desnecessariamente uma jogada, tentativa de embelezar um lance que poderia ser resolvido de maneira mais simples. Não se confunda o enfeite, que é desnecessário, com a demonstração de uma técnica muito acima da média, que só os craques possuem.

691. **Enfiado**: diz-se de um jogador, em geral atacante, que jogue dentro da área, entre os zagueiros adversários.

692. **Enfiar (ou meter) uma bola**: fazer um passe milimétrico para um companheiro penetrar na área adversária livre para fazer o gol.

DICIONÁRIO DE FUTEBOLÊS

693. **Enganador**: jogador que à primeira vista parece ser um craque, mas que ao longo da carreira não alcança grande brilho.

694. **Enganar**: Ludibriar. Pode significar, também, o ato de jogar futebol, entre os boleiros.

695. **Engrossar**: maltratar a bola, fazer uma "pixotada".

696. **Enjoado**: jogador difícil de ser marcado, ensaboado

697. **Ensaboado**: Jogador ágil, de drible fácil, difícil de ser marcado.

698. **Ensaiada**: jogada ensaiada.

699. **Ensaiar**: treinar uma jogada.

700. **Entortar**: driblar de forma desmoralizante e desconcertante um adversário.

701. **Entrada**: ataque a um adversário que está com a bola de forma ríspida. A entrada pode ser violenta e até desleal, passível, portanto, de penalização pela arbitragem com cartão amarelo ou vermelho.

702. **Entrar**: dar combate, ato de tentar abruptamente roubar a bola que está com um adversário.

703. **Entrar rasgando**: diz-se de um jogador que vai numa bola de forma violenta e com força desmedida.

704. **Entre a trave e o goleiro**: chute que vem do lado do campo. Os goleiros ficam na dúvida em relação às verdadeiras intenções do chutador que está com a bola e que avança em direção à meta paralelamente à linha de fundo. Os arqueiros ficam sem saber se o atacante vai chutar direto ou passar a um companheiro que venha de frente para o gol, na pequena área. Os que

optam por sair um pouquinho para evitar o cruzamento são os que levam gols em bolas como essa.

705. **Entre linhas**: espaço entre a linha formada pelos jogadores de meio de campo e a formada pelos jogadores de defesa.

706. **Entrega das faixas**: jogo amistoso em que os jogadores campeões recebam a faixa que os distingue como vencedores. O curioso é que muitas vezes o time campeão perde essa partida porque o clima de festa acaba tirando-lhes concentração no jogo. Quando isso acontece, diz-se que o time vencedor "Botou água no chope do campeão".

707. **Entregada**: é como os adversários se referem, maldosamente, à falha de um jogador que beneficie claramente o adversário.

708. **Entregar a rapadura**: perder sem oferecer resistência ao adversário.

709. **Entregar o ouro ao bandido**: fazer algo que beneficie o adversário. Dar uma bola de presente.

710. **Entregar os pontos**: desistir, jogar a toalha, resignar-se com a derrota iminente.

711. **Entrosamento**: conhecimento mútuo dos jogadores de um time que se alcança pela repetição de jogos e treinos com o mesmo grupo.

712. **Entrou**: grito de José Carlos Araújo, locutor esportivo conhecido como "O Verdadeiro Garotinho".

713. **Entrou bem na partida**: diz-se do jogador reserva que entrou em campo e está atuando bem.

DICIONÁRIO DE FUTEBOLÊS

714. **Envolver o adversário**: dominar territorialmente o campo, impedindo o adversário de se expandir, de se soltar. É o mesmo que dominar a partida.

715. **Enxergar o jogo**: ter visão panorâmica da movimentação dos companheiros. Diz-se dos craques, por sua antevisão dos lances.

716. **Época**: a temporada, em Portugal.

717. **Equilibrar o jogo**: tornar, por alguma ação, a partida mais disputada, mais parelha do que estava antes.

718. **Equipa**: time, equipe, no linguajar de Portugal.

719. **Equipe**: time, elenco.

720. **Equipe**: time, elenco.

721. **Equipe técnica**: comissão técnica, composta pelo treinador e por seus auxiliares.

722. **Escalação**: é a escolha feita pelo técnico dos onze jogadores que entrarão em campo para jogar uma partida.

723. **Escanteio**: corner.

724. **Escolinha**: onde os meninos e as meninas aprendem a jogar futebol, em geral com ex-jogadores.

725. **Esconder o jogo**: é a atitude de um time ou de um jogador de fingir, durante o início de uma partida, o seu verdadeiro potencial.

726. **Esconder o time**: a atitude de um técnico que não dá pistas de quem escalará na partida seguinte.

727. **Esconder-se**: ato de, durante uma partida, aceitar a marcação do adversário resignadamente para, assim, não receber a bola.

728. Escrete: seleção.

729. Escrita: grande vantagem de um time sobre outro nos confrontos diretos ou período grande em um clube fica sem vencer um tradicional adversário.

730. Esculachar: dar um drible desmoralizante num adversário.

731. Esférico: a bola, para os futebolistas portugueses.

732. Espaço vazio entre linhas: parte do campo desocupada desguarnecida pela defesa de um time e do qual se aproveita espertamente um jogador adversário para penetrar na área contrária.

733. Espalmar: ato em que o goleiro, com as mãos, impede que a bola entre em seu gol.

734. Espanar: Isolar a bola.

735. Espetar: chutar de bico, pra bem longe, a bola.

736. Espião: emissário que se envia a um treino ou a um jogo de um time adversário para analisar suas virtudes e seus defeitos. Por causa dessa prática é que muitos treinadores, em determinadas ocasiões, realizam treinos fechados para o público e para a imprensa.

737. Espirrou: diz-se do chute em que o jogador pega mal na bola e ela vai sem a direção pretendida.

738. Esquecer da bola: prosseguir numa jogada e perder o domínio da bola, deixando-a para trás.

739. Esquema (ou sistema): organização tática do time, disposição dos jogadores pelos setores do campo. É resumido pelo número de ocupantes que cada setor tenha. Nessa distribuição dos jogadores pelo campo não se leva em consideração o goleiro, que deve ficar, sempre, embaixo das traves, protegendo seu gol. A divisão dos dez jogadores de linha pelos setores do gramado é representada pela junção de quatro números (4-2-4; 4-3-3; 3-5-2, etc.). O primeiro número dessa expressão representa a quantidade de defensores que a equipe terá na partida. O segundo, a quantidade de jogadores que ocuparão o meio de campo. O último numeral identifica com quantos atacantes a equipe atuará. No 4-3-3, por exemplo, que era o esquema adotado pela Seleção Brasileira de 70, tínhamos quatro zagueiros (Carlos Alberto, Brito, Piazza e Everaldo), três meio-campistas (Clodoaldo, Gérson e Rivelino) e três atacantes (Jairzinho, Pelé e Tostão). A organização dos times expressa por essa sigla numérica demonstra de maneira flagrante a preocupação cada vez maior dos treinadores com a defesa. Repare-se o número cada vez maior de defensores e meio-campistas e, consequentemente, a diminuição do número de atacantes. A expressão numérica que representava o esquema da seleção brasileira de 1950, por exemplo, era o 3-2-5. Já o esquema que denota a seleção que jogará a Copa de 2014 é o 4-5-1.

740. **Esquentar o banco**: ficar no banco de reservas, sem que o técnico lhe dê a chance de entrar em campo para jogar.

741. **Está querendo jogo**: diz-se do jogador que se apresenta para as jogadas e pede constantemente a bola no início das partidas.

742. **Estacionar um ônibus na frente da área**: a expressão indica que um time está jogando na retranca, com muitos jogadores recuados na frente da própria área, para impedir os ataques do adversário e para sustentar um resultado.

743. **Estádio**: o lugar em que se realizam os jogos de futebol, o teatro dos jogadores..

744. **Estádio do Café**: Estádio do Paraná.

745. **Estádio dos Aflitos**: é o estádio do Náutico, de Recife.

746. **Estar morto**: diz-se do jogador que está muito cansado.

747. **Estar na Berlinda**: diz-se do técnico que está prestes a ser demitido ou que está tendo seu trabalho à frente da equipe posto em xeque.

748. **Estar na gaveta**: diz-se do juiz ou jogador que está vendido para forjar o resultado de uma partida.

749. **Estar na transição**: diz-se do jogador que está finalizando o processo de recuperação de uma contusão ou cirurgia e está se preparando para voltar aos gramados.

750. **Estar nas cordas**: é a situação de um time que está completamente dominado pelo adversário, acuado e sem poder de reação.

751. **Estar sem pernas**: estar cansado, esgotado.

752. **Estar sozinho**: diz-se do jogador que está sem marcação.

753. **Estar vendido**: estar comprometido com outra equipe, para a qual irá na temporada seguinte.

754. **Estatística**: registro geral dos acontecimentos de uma partida como passes, chutes a gol, defesas prati-

cadas pelos goleiros, cabeceios, escanteios, faltas cometidas. Segundo alguns, a análise desses dados promove uma visão mais científica do jogo de futebol, indicando que time jogou melhor, qual foi o jogador mais participativo, que tipo de jogada foi mais explorado pelas equipes, etc.

755. **Estátua do Belini**: conhecido ponto de encontro dos torcedores que frequentam o Estádio Mário Filho. Monumento que fica em frente ao portão principal do Maracanã.

756. **Esticar**: lançar uma bola longa, bem na frente do companheiro a quem a pelota é destinada.

757. **Estrategista**: diz-se do treinador que arma times ardilosos e jogadas traiçoeiras, aproveitando-se da observação de pontos fracos do adversário.

758. **Estrela**: dizer que um jogador tem estrela significa que ele tem sorte ou é pé quente.

759. **Estrela Solitária**: epíteto que acompanha inseparavelmente o Botafogo de Futebol e Regatas por causa de seu símbolo marcante e emblemático.

760. **Estudar o adversário**: observar as características de um time no início antes de se lançar ao ataque.

761. **Estudiantes**: tradicional time da Argentina.

762. **Estufar a rede**: fazer um gol em que a bola, pela força do chute, esgarça a rede que recobre as traves.

763. **Eto'o**: lendário jogador camaronês que atuou por grandes times europeus, como Barcelona e Internazionale de Milão.

764. **Eu só acredito porque vi**: diz-se de uma jogada inacreditável por seu ineditismo ou por sua realização acrobática, para o bem ou para o mal.

765. **Eu vi o Chay**: frase cheia de ironia da torcida de Botafogo em relação ao jogador Chay, meia de criação da equipe na conquista do título brasileiro da segunda divisão, em 2021.

766. **Everaldo**: lateral-esquerdo da Seleção Brasileira de 1970, tricampeã no México.

767. **Ex-jogador em atividade**: expressão pejorativa usada para definir um jogador veterano e decadente que continua jogando profissionalmente.

768. **Expresso da Vitória**: O grande time do Vasco da Gama na década de 1940, base da seleção brasileira que disputou a Copa do Mundo de 1950.

769. **Expulsão**: eliminação irrevogável de um jogador que pratique atos antidesportivos como faltas, agressões, brigas, xingamento ao árbitro ou a seus auxiliares, etc.

770. **Extrema**: lado do campo, ponta (extrema-direita ou extrema esquerda).

F

771. **Fabuloso**: apelido de Luís Fabiano, atacante da seleção brasileira na Copa de 2010.

772. **Facão**: penetração de um atacante na defesa adversária vindo na diagonal, do flanco para o centro.

773. **Fair play**: o que se exige em campo: jogo limpo, lealdade, honestidade.

774. **Faixa**: premiação individual que é dada aos jogadores de um time campeão, já que o troféu fica com o clube.

775. **Falcão**: clássico meio-de-campo revelado pelo Internacional de Porto Alegre. Jogou na Itália, onde era chamado de Re de Roma.

776. **Falso nove**: jogador que atua com a camisa 9, própria dos centroavantes, mas que não atua apenas dentro da área, fixo, como fazem os atacantes típicos.

777. **Falta feia (grosseira)**: partindo-se do pressuposto de que não há falta bonita, a falta feia é aquela em que há emprego de força excessiva ou de maldade por parte de quem a comete. O jogador que comete esse desvio de conduta, em geral, recebe cartão, amarelo ou vermelho.

778. **Falta pra cartão**: é a falta cujo praticante foi além dos limites tolerados para esse expediente do jogo que é cometer faltas.

779. **Falta pra vermelho**: falta que mereceria, na opinião de quem diz isso, cartão vermelho para quem a cometeu.

780. **Falta tática**: falta não violenta, cometida para impedir a evolução ao ataque do time adversário.

781. **Falta**: qualquer ato obstrutivo cometido por um jogador sobre um adversário que impeça o prosseguimento normal do jogo.

782. **Família Scolari**: a seleção brasileira convocada para a Copa de Mundo de 2002, na Coreia e no Japão.

783. **Família**: como são chamados os elencos, pelos treinadores que querem aproximar os jogadores uns dos outros.

784. **Fantasma de cinquenta**: trauma dos torcedores brasileiros em virtude da derrota em casa, no Maracanã, para o Uruguai da Copa do Mundo de 1950.

785. **Fantasma do rebaixamento**: é o que assombra os times que estão correndo risco de serem rebaixados para a segunda divisão.

786. **Faro de gol**: diz-se do atacante que parece antever as jogadas e que está sempre no lugar certo na hora certa para fazer o gol.

787. **Fase de grupos**: Num torneio, é a fase em que os times são divididos em grupos. Os que se classificam, passam à fase de mata-mata.

DICIONÁRIO DE FUTEBOLÊS

788. **Fase defensiva**: momento em que o time perde a bola e deve se posicionar para se defender.

789. **Fase**: momento, bom ou ruim, de um jogador. Diz-se que quando a fase é boa, tudo dá certo. Já quando a fase é ruim, tudo o que se tenta dá errado.

790. **Fase ofensiva**: momento em que o time tem a bola e parte para o ataque.

791. **Fatiar**: bater na bola com o lado externo do pé, dando-lhe efeito.

792. **Favoritismo**: ato de atribuir a um time mais chances de vitória do que seu adversário num jogo.

793. **Favorito**: time que é considerado o mais provável vencedor de uma partida antes de a bola rolar. Nem sempre, no futebol, os favoritos confirmam sua superioridade em campo.

794. **Faz e me abraça**: é o que diz o jogador que dá um passe açucarado para o companheiro fazer o gol e espera, em troca, como forma de gratidão, o reconhecimento público do artilheiro.

795. **Faz o simples**: pedido acalorado para que um jogador evite firulas e jogadas mais difíceis e rebuscadas.

796. **Fazer a diferença**: jogar muito bem, desequilibrar uma partida.

797. **Fazer a leitura do jogo**: entender a evolução da partida e o que deve ser feito em campo para atacar e defender com eficiência.

798. **Fazer cera**: usar de todo tipo de artimanha para parar o jogo e fazer o tempo correr sem que a bola role.

103

799. **Fazer corpo mole**: usa-se essa expressão para insinuar que um jogador não está se empregando na partida como deveria, ou seja, perdendo as divididas, as bolas na cabeça e na corrida para os adversários.

800. **Fazer fumaça**: é a impressão, nem sempre confirmada, de que um time ou um jogador vai ser muito bom num futuro próximo.

801. **Fazer linha de passe**: ato em que os jogadores trocam a bola entre si pelo alto, sem deixá-la tocar no gramado.

802. **Fazer número**: diz-se do jogador que está em campo apenas por estar, sem participar da partida.

803. **Fazer o dever de casa**: diz-se do time que tem que ganhar uma partida em casa, ou seja, no seu estádio.

804. **Fazer sombra**: atitude que se espera de um jogador reserva em relação ao titular que, com a ameaça sempre presente do substituto, não perde a motivação nem esmorece nos treinos e nos jogos.

805. **Fazer um salseiro**: diz-se de um jogador que com dribles e arrancadas leva o desespero à defesa adversária.

806. **Fechar**: celebrar contrato com um time, o jogador, ou com um jogador, o clube.

807. **Fechar**: marcar em cima, sem dar espaço para o jogador adversário evoluir para um dos lados do campo e para chegar à linha de fundo.

808. **Fechar**: movimento coletivo em que um time recua e empilha jogadores em frente à sua própria área, para impedir que o time adversário penetre ou alcance a zona de tiro.

809. **Fechar a casinha**: organizar a defesa, tornando-a menos vulnerável.

810. **Fechar a porta**: colocar-se legalmente no caminho de um jogador que está com a bola.

811. **Fechar o caixão**: matar o jogo, fazer um gol que inviabilize a reação do adversário, estabelecer uma vantagem no placar que garanta a vitória.

812. **Fechar o gol**: diz-se do goleiro que não deixa passar a bola pela linha da baliza, com defesas espetaculares, apesar da insistência dos goleadores do time adversário.

813. **Fechou os olhos**: chutar sem planejar a direção da bola.

814. **Fede a gol**: diz-se de um jogador, pela sua capacidade e facilidade para fazer gols.

815. **Federação**: entidade que comanda o futebol no âmbito estadual.

816. **Feijão com arroz**: expressão que identifica uma maneira de jogar, de um atleta ou de um time, que se baseia na simplicidade dos lances, em geral mais eficiente.

817. **Felipão**: técnico da seleção brasileira campeã do mundo em 2002.

818. **Félix**: goleiro titular da Seleção Brasileira tricampeã em 1970, no México.

819. **Fenômeno**: Apelido dado a Ronaldo, centroavante da seleção brasileira nas Copas do Mundo de 1994, 1998, 2002 e 2006.

820. **Fera**: jogador consagrado, de grande renome, craque, medalhão.

821. **Ferrolho**: diz-se dos esquemas táticos tão defensivos que impedem completamente a sua transposição. Equivale à retranca.

822. **Ficar na saudade**: perder uma bola fácil, ir em direção à bola, mas ver um adversário chegar antes e dominá-la.

823. **Ficar no banco**: não ser titular, ficar entre os reservas, como opção do técnico para uma possível substituição.

824. **Ficou com as penas na mão**: diz-se do goleiro que "tomou um frango".

825. **Fiel**: como se autodenomina a torcida do Clube Atlético Corinthians Paulista.

826. **FIFA**: entidade que comanda o futebol no mundo. A sigla, em francês, significa Federação Internacional das Associações de Futebol.

827. **Figueirense**: clube de futebol de Santa Catarina.

828. **Figura decorativa**: diz-se do jogador que não está jogando bem e nem se esforçando em campo.

829. **Filé**: situação boa no futebol, contrária a "roer o osso" : partida decisiva, de grande apelo popular, da qual todos querem participar.

830. **Filho do Vento**: apelido de Euler, centroavante do Vasco, do Palmeiras e do Atlético Mineiro, por sua velocidade.

831. **Filó**: a rede que reveste as traves, o gol.

832. **Fim de papo**: término do jogo, encerramento da partida.

833. **Final**: partida que decide um torneio, a decisão do campeonato, finalíssima.

DICIONÁRIO DE FUTEBOLÊS

834. **Finalização**: É o toque na bola, com o pé, com a cabeça ou com qualquer parte do corpo, na direção do gol. É a finalização que encerra uma jogada ofensiva, um cruzamento na área, um passe, uma tabela. Em geral, o responsável pela finalização é o centroavante, mas qualquer jogador a postos na área pode dar conta dessa responsabilidade. A finalização exige frieza e, por isso, um jogador não acostumado a essa situação, um zagueiro, por exemplo, pode ser vítima do nervosismo e finalizar errado uma jogada clara de gol, perdendo "um gol feito".

835. **Finalizar de primeira**: chutar a bola sem ajeitá-la.

836. **Finalizar**: chutar ou cabecear para o gol.

837. **Fingiu que ia, mas não foi**: frase folclórica, que se repete quando um jogador faz uma jogada atabalhoada.

838. **Finta**: drible.

839. **Fintar**: driblar, enganar o adversário.

840. **Fio de Esperança**: apelido de Telê Santana, ponta do Fluminense e, depois, técnico da seleção brasileira em duas copas do mundo.

841. **Filó**: a rede que cerca as traves do gol.

842. **Firmino**: atacante brasileiro do Liverpool.

843. **Firula**: drible ou domínio cheio de estilo e, me geral, desnecessário.

844. **Fiscais de linha**: componente do trio de arbitragem que cuidam de sinalizar para o árbitro principal quando a bola ultrapassa uma das linhas, além de fiscalizar os impedimentos. Eventualmente, marcam as faltas cometidas próximas a eles. Bandeirinhas.

845. **Fla-Flu**: o clássico realizado entre os clubes cariocas Flamengo e Fluminense. Foi eternizado pelas crônicas de Nelson Rodrigues.

846. **Flamengo**: Rubro-negro carioca.

847. **Flanco**: lado, beirada.

848. **Fluminense**: tricolor das Laranjeiras, no Rio de Janeiro.

849. **Flutuar**: jogar sem posição fixa, caindo por todos os setores do ataque.

850. **Fluzão**: o apelido do Fluminense Footbal Club.

851. **Foca**: jogador muito habilidoso, que faz malabarismos com a bola. O jogador foca não é necessariamente um craque, porque, como se sabe, a habilidade não é o único requisito para se chegar a essa condição.

852. **Foco**: é o que se espera dos jogadores durante um jogo; atenção, atitude, determinação.

853. **Fogão**: o apelido do Botafogo de Futebol e Regatas.

854. **Fogo**: grito de incentivo da torcida do Botafogo.

855. **Foguete**: chute forte, violentíssimo e velocíssimo, uma bomba.

856. **Foi ele o pai da criança**: frase de Edson Mauro, locutor esportivo, para nomear o jogador que fez um gol.

857. **Foi ele que botou lá dentro**: frase de Edson Mauro, locutor esportivo, para nomear o jogador que fez um gol.

858. **Folha seca**: chute em que a bola sobe, descreve uma parábola e cai, de repente, dentro do gol.

859. **Fome de bola**: diz-se do jogador que está parado há algum tempo, por contusão, e que demonstra nos treinos um desejo imenso de jogar futebol outra vez.

DICIONÁRIO DE FUTEBOLÊS

860. **Fominha**: diz-se do jogador que quer sempre jogar futebol, que não cede a vaga para um substituto. Ou ainda, quando em campo, carrega a bola sem querer entregá-la a outro companheiro de time, mesmo que esse tenha chance de fazer uma boa jogada ou esteja em melhores condições para o arremate.

861. **Fontana**: zagueiro reserva da seleção brasileira em 1970.

862. **Fonte Nova**: estádio onde o Bahia manda os seus jogos.

863. **Fora**: a bola que não vai no gol.

864. **Fora da zona da Libertadores**: diz-se de um time que está fora, na pontuação, da zona que de classificação que dá direito a disputar o Torneio Continental da América do Sul.

865. **Fora da zona de rebaixamento**: diz-se de um time que está acima, na pontuação, da zona que que rebaixa um time à segunda divisão no ano seguinte.

866. **Fora de casa**: jogo na casa, no estádio do adversário.

867. **Fora de forma**: jogador que está sem jogar há muito tempo.

868. **Fora de jogo**: em impedimento, sem condições legais de continuar a jogada:

869. **Fora de jogo**: sem condições de jogar, por suspensão ou contusão.

870. **Força máxima**: escalação do time completo, sem desfalques.

871. **Forçar o passe**: tentar um passe difícil, com muitos jogadores adversários na frente.

872. **Formiga**: jogador e treinador do Santos, integrante do grande time que tinha Pelé como destaque.

873. **Formiguinha**: jogador operário, que corre o campo todo e que parece nunca se cansar.

874. **Formiguinha**: apelido de Zagallo, campeão do Mundo com a Seleção Brasileira em 1958 e 1962, como jogador, e técnico campeão do Mundo em 1970.

875. **Franco atirador**: time que não tem nada a perder e que, por isso, joga sem traumas e sem o peso da responsabilidade.

876. **Frangar**: diz-se do goleiro ao tomar um frango, deixar passar uma bola fácil, absolutamente defensável.

877. **Frango**: falha clamorosa do goleiro, em que a bola passe embaixo do seu corpo ou entre as suas pernas.

878. **Freguês**: Assim é chamado o time sobre o qual o nosso tem um maior número de vitórias nos confrontos diretos.

879. **Freguesia**: diz-se do time que não consegue ganhar um adversário tradicional, ou que tem menos vitórias no confronto contra o rival.

880. **Fugir da responsabilidade**: omitir-se numa partida, esconder-se no jogo.

881. **Fundamentos**: competências e habilidades que todo jogadores devem desenvolver nas categorias de base para que, no profissional, se tornem bons jogadores. São o chute, o passe, o domínio e o controle da bola e o cabeceio.

DICIONÁRIO DE FUTEBOLÊS

882. **Fundo da rede**: o gol, o filó, o barbante em que a bola vai descansar quando do gol.

883. **Fundo**: a última linha do gramado, prolongamento da linha de gol.

884. **Fungar no cangote**: marcar em cima, sem dar espaço ao atacante adversário.

885. **Funil**: defesa muito fechada, com poucos espaços para penetrar.

886. **Furacão da Copa**: apelido de Jairzinho, tricampeão do Mundo com a Seleção Brasileira em 1970.

887. **Furacão**: é o epíteto do Clube atlético Paranaense.

888. **Furar a bola**: errar o chute, chutar o vazio. É das jogadas mais vexaminosas para um profissional. Equivale para os jogadores de linha a um frango do goleiro.

889. **Furar a bola**: esfriar o jogo, parar a todo momento a partida, permitir poucos momentos de bola rolando.

890. **Futebol alegre**: estilo de jogo baseado na técnica e na descontração, contrário, portanto, ao Futebol de resultados (pragmático). É uma outra definição menos retumbante do Futebol-arte.

891. **Futebol brasileiro**: expressão que equivale a futebol bonito, bem jogado, que privilegia a posse de bola, o drible e o ataque. É sempre invocada quando algum treinador da seleção nacional ousa implantar um sistema de jogo que fuja a essas características.

892. **Futebol de resultado**: usa-se essa expressão para designar os times que jogam pragmaticamente, que não fazem concessões à beleza do futebol que é apresentado ou ao espetáculo.

893. **Futebol é a coisa mais importante entre as menos importantes (O)**: aforismo que define maravilhosamente como entendemos esse esporte no Brasil.

894. **Futebol é bola na rede**: máxima do esporte que quer dizer o óbvio – o mais importante desse esporte é botar a bola para dentro da baliza porque vence quem faz mais gols.

895. **Futebol é coisa para homem**: conceito machista que de certa forma ainda perdura em nossa sociedade, o que explica o pouco investimento no futebol feminino, apesar do sucesso de jogadoras como Marta e dos resultados expressivos alcançados por nossas meninas em torneios internacionais.

896. **Futebol é resultado**: frase que denota o pragmatismo que tomou conta dos profissionais do futebol a partir da década de 1980.

897. **Futebol é uma caixinha de surpresas**: frase que simboliza a falta de lógica do futebol, um esporte em que um time inferior pode ganhar de um time muito melhor ou mais renomado e rico.

898. **Futebol**: o esporte preferido no mundo. Apaixonante por razões diversas, é amado pelos brasileiros que o têm como religião.

899. **Futebol-arte**: é o futebol baseado mais na técnica, no drible, no passe, no chute e no domínio da bola do que na tática e na força física. Muitos comentaristas já assinaram o atestado desse tipo de jogo, que teria ficado no passado, mas, algumas vezes, ele dá sinal de vida, aqui e acolá, em alguns momentos de certas

equipes ou no lampejo de alguns jogadores que teimam em jogar como no passado.

900. **Futebol-espetáculo**: uma outra denominação do futebol-arte.

901. **Futebol-força**: designação de um estilo de jogo baseado na força física e no choque.

902. **Futebol-total**: é aquele em que todos os jogadores de uma equipe participam das ações ofensivas de defensivas. Não há respeito pela setorização clássica do futebol. Lembra um pouco as peladas dos meninos muito novinhos, em que todos correm na bola, onde quer que ela esteja.

903. **Futsal**: modalidade do futebol que é praticado em uma quadra por quatro jogadores de linha e um goleiro. Tudo nesse outro esporte é diferente: o piso, a bola, o tamanho das balizas, as regras, etc. Apesar disso, não foram poucos os jogadores do futebol de campo que começaram sua carreira no futsal. Quando a modalidade surgiu, recebia o nome de futebol de salão.

G

904. **G4**: o grupo formado pelos quatro times mais bem colocados num campeonato.

905. **Gabigol**: artilheiro do grande time do Flamengo campeão brasileiro e da Libertadores em 2019.

906. **Galinha morta**: time muito fraco, adversário desprezível por usar pouca tradição ou pela indigência de seu time.

907. **Galinheiro**: estádio acanhado, que oferece pouco conforto para os torcedores, a imprensa e os times visitantes.

908. **Galinho de Quintino**: apelido de Zico, maior ídolo da torcida do Flamengo, por seu jeito de correr.

909. **Galo da Praia**: símbolo do CRB.

910. **Galo**: o símbolo do Clube Atlético Mineiro.

911. **Gamarra**: clássico zagueiro do Corinthians do Flamengo e da Seleção Paraguaia na Copa do Mundo de 1998, na França.

912. **Game over**: fim de um jogo.

913. **Gancho**: suspensão, afastamento dos gramados por cometimento de atos ilícitos dentro de campo.

DICIONÁRIO DE FUTEBOLÊS

914. **Gandula**: garoto, rapaz ou moça que apanha as bolas que saem pelas linhas de fundo e laterais do campo e as devolvem aos jogadores para que a partida não fique muito tempo paralisada.

915. **Ganhar o lance**: ficar com a bola, após uma disputa acirrada por ela.

916. **Ganhar no grito**: diz-se de um time que convence o árbitro a fazer algo (marcar um pênalti, ou um impedimento, aplicar um cartão a um adversário ou expulsá-lo) pelos protestos veementes e acalorados que faz sobre o juiz.

917. **Ganhar o motorrádio**: ser o melhor em campo. A expressão vem da época em que uma emissora de rádio premiava o destaque de uma partida com um aparelho desses, uma novidade tecnológica para a época.

918. **Ganhar roubado é mais gostoso**: frase cínica proferida pelos jogadores, dirigentes e torcedores de um time que claramente vença um jogo ou um campeonato com a ajuda da arbitragem.

919. **Garantir o bicho**: selar a vitória, sacramentar um resultado positivo.

920. **Garantir vaga**: classificar-se para uma fase decisiva de um torneio.

921. **Garçom**: jogador que serve (passa) a bola "limpinha" para o companheiro fazer o gol.

922. **Garoto do placar**: o responsável por mudar os números do placar à medida que os gols saíam durante uma partida, no tempo em que os placares eram manuais.

923. **Garrincha**: ponta-direita do Botafogo de Futebol e Regatas e da Seleção Brasileira de Futebol na Copas do Mundo de 1958, 1962 e 1966; conhecido como o Anjo das Pernas Tortas.

924. **Gastar a bola**: jogar muito bem e com estilo, batendo na bola sempre com o lado de fora ou de dentro do pé, dando-lhe efeitos variados.

925. **Gastar o tempo**: fazer o relógio andar, tocar a bola sem a intenção de fazer a jogada progredir.

926. **Gato**: jogador que tem mais idade do que a que seus documentos informam. O ato de adulterar documentos para falsear a idade é utilizado para que um jogador mais velho possa atuar contra jogadores mais jovens, nas divisões de base, e se prevalecer de ser mais forte ou mais amadurecido do que seus adversários.

927. **Gaveta**: Estar na gaveta, ser subornado para jogar mal em determinada partida, no caso de um jogador, ou apitar favoravelmente a um time, no caso de um juiz.

928. **Gaveta**: ângulo superior direito ou esquerdo do gol, formado por uma das traves e o travessão. Considera-se a bola chutada naquele quadrante da meta indefensável para o goleiro.

929. **Geral**: era o local mais barato do antigo Estádio Mário Filho por causa da pouca visibilidade, de não ter cadeiras e por ser ao relento, sem abrigo para o sol ou para a chuva. Era também, o mais democrático espaço do estádio, porque nele conviviam pacificamente torcedores de todos os times, que se aglomeravam naquele fosso que circundava o gramado,

apenas pelo prazer de ver, episodicamente, os ídolos mais de perto.

930. **Geraldino**: antigo frequentador da geral do Maracanã.

931. **Gesto técnico**: ação característica do jogador de futebol – dominar, controlar, cabecear, chutar etc.

932. **Gigante da Colina**: é uma antonomásia que se refere ao Clube de Regatas Vasco da Gama.

933. **Gighia**: Mítico jogador da seleção uruguaia campeã do Mundo em 1950 ao vencer a seleção brasileira, favorita do público e da crítica. Foi o autor do gol da vitória da Celeste Olímpica

934. **Gilmar**: goleiro da Seleção Brasileira Bicampeão na Suécia e no Chile, em 1958 e 1962, respectivamente.

935. **Ginga**: requebrado de corpo de um jogador que desnorteia a atenção do adversário. Geralmente os jogadores que têm essa habilidade são bons dribladores e conseguem confundir a defesa do outro time. Garrincha é mais conhecido pela sua ginga do que pelos gols que fez na sua carreira.

936. **Girar a bola**: trocar passes de um lado a outro do campo, mantendo a posse de bola, sem que o adversário a recupere.

937. **Gladiador**: apelido de Kléber, atacante que atuou por vários clubes brasileiros.

938. **Glorioso**: epíteto pelo qual é conhecido o Botafogo de Futebol e Regatas, tradicional clube do Rio de Janeiro.

939. **Goiás**: o Goiás Esporte Clube, tradicional agremiação do centro-oeste do Brasil.

940. Gol: a razão de ser do futebol, o clímax de uma partida. Objetivo maior do esporte, momento em que a bola ultrapassa a última linha, entre as traves e o travessão.

941. Golaço: gol de grande beleza plástica, pelo chute, pela jogada, pelo inusitado da jogada, pela criatividade do goleador ou pelo passe magistral que originou o tento.

942. Gol contra: ocorre quando um jogador, no afã de tentar salvar um gol ou de interceptar a bola, para que ela não chegue a um atacante que está livre na área, pronto para concluir a jogada, joga-a contra a sua própria meta.

943. Gol da pedra de gelo: episódio surreal do futebol carioca, ocorrido em 1970, num jogo entre Flamengo e Bangu, no Maracanã. Dé, o Aranha, atacante do alvirrubro carioca, marcado pela malandragem, atirou uma pedra de gelo, que ele tinha pego no balde do massagista pouco antes, na bola, que estava dominada por um zagueiro da Flamengo. A pedrada alterou a trajetória da pelota, o que permitiu ao atacante banguense roubar o balão e fazer o gol.

944. Gol de artilheiro: é o gol característico de um jogador que atua nas proximidades da área e que tem, por isso, intimidade com aquela região do campo. É o gol em que se demonstra frieza, boa colocação e antevisão da jogada por parte do atacante. Normalmente não é dotado de grande beleza, porque consiste apenas em um toque para o fundo das redes dado pelo atacante.

945. Gol de bico: gol em que a bola é chutada com o dedão do pé. É o último recurso de um atacante para empurrar a bola para o gol, em geral por estar acossado pelos zagueiros e pelo goleiro.

946. **Gol de canela**: gol em que um jogador pega mal na bola, com a canela. Apesar de valer o mesmo que um golaço, é desmerecido pelos amantes do futebol que o classificam de gol feio. Dario, o Dadá Maravilha, folclórico centroavante do Atlético Mineiro, Flamengo, Internacional e Seleção Brasileira dizia que não existe gol feio. Feio é não fazer gol.

947. **Gol de cobertura**: é o gol em que um jogador de linha ao perceber o goleiro adiantado, encobre-o, fazendo a bola chegar ao gol numa parábola. Ocorre muitas vezes quando um atacante entra sozinho na área e o goleiro tem de sair desesperado para combatê-lo e para fechar os ângulos laterais do gol.

948. **Gol de honra**: é assim chamado o gol assinalado por uma equipe que sofre uma goleada.

949. **Golden Goal**: gol de ouro, gol decisivo.

950. **Goleada**: placar em que um time vence outro por uma diferença grande de gols. Considera-se goleada uma diferença igual ou superior a três gols: três a zero, quatro a um, cinco a dois, seis a zero, etc.

951. **Goleiro (goal keaper, arqueiro)**: é o ser destoante da turma. Usa luvas e uniforme colorido, completamente diferente dos demais, os jogadores de linha. Tem lá seus privilégios. É o único, por exemplo, que pode usar as mãos (contrariando o nome do esporte...), desde que dentro de sua própria área. Fora dela, perde suas prerrogativas e vira um jogador como os demais (par-

ticipante como qualquer dos outros dez jogadores). Atua quase que exclusivamente embaixo das traves, nos limites da grande área e tem por missão impedir que a bola entre no seu gol. É um estraga-prazeres.

952. **Gol de ouro**: é o gol que decide uma partida na prorrogação.

953. **Gol de Peixinho**: é o gol de cabeça em que o jogador acerta a bola, que vem a meia-altura, atirando-se contra ela como se fosse mergulhar numa piscina.

954. **Gol de placa**: tento consignado com uma plástica tão especial que seria merecedor de uma placa comemorativa, como a que Pelé ganhou ao fazer um golaço sobre o Fluminense, no Maracanã, após driblar vários adversários, inclusive o goleiro. Está acima do chamado golaço, usado sem muito critério nos dias de hoje pelos torcedores e narradores esportivos para qualquer golzinho que fuja do normal.

955. **Gol de quem sabe**: diz-se do gol que demonstra a categoria do artilheiro.

956. **Gol do jogo**: gol decisivo, o único gol de uma partida.

957. **Gol do meio da rua**: é o gol em que o jogador acerta a meta chutando de muito longe, quase do meio de campo.

958. **Gol está maduro (O)**: expressão que indica que uma equipe está tão melhor do que a outra que certamente marcará um gol brevemente.

959. **Gol feito**: em geral se usa essa expressão para designar um gol perdido numa situação muito fácil; por exemplo, com o goleiro já batido e sem reação.

DICIONÁRIO DE FUTEBOLÊS

960. **Gol legal**: veredito dado pelos comentaristas de arbitragem após constatarem no replay que não havia irregularidades na jogada que resultou no gol.

961. **Golo**: gol no português de Portugal.

962. **Gol olímpico**: é o que se faz em cobrança direta do corner. Para isso, a bola deve fazer uma curva acentuada porque, como se sabe, o córner é cobrado da junção da linha de fundo com a linha lateral. Essa prática é para os chutadores requintados.

963. **Gol qualificado**: diz-se do gol marcado no campo do adversário em competições de mata-mata.

964. **Gol sem querer**: gol que é feito sem que o jogador que o assinalou tivesse a intenção de fazê-lo. Às vezes, ocorre quando um jogador tenta cruzar e a bola acaba indo na direção da meta, enganando o goleiro adversário que se movimentara para a frente na crença de ocorreria um cruzamento e não um chute.

965. **Gol suado**: gol que é resultado de diversas tentativas feitas numa única jogada e que para ser consignado exige muito esforço da equipe.

966. **Gols pró**: número de gols marcados um time no campeonato. Serve para formar o saldo de gols, um dos critérios de desempate de um campeonato.

967. **Gordo**: jogador fora de forma, com físico avantajado, não consegue agilidade para disputar uma jogada mais veloz.

968. **Gostar do jogo**: diz-se da equipe que começa a tomar as rédeas da partida e que joga à vontade, sem ser incomodada veementemente pelo adversário. Os

121

comentaristas usam essa expressão para explicar que o jogo está bom para uma determinada equipe, que deixou de ser pressionada ou marcada em cima.

969. **Gramado**: o lugar mágico em que se desenvolve uma partida de futebol. O tapete mágico que leva jogadores numa viagem cheia de sobressaltos e os torcedores, cá na terra, ao delírio ou à tristeza extrema. O gramado pode ser ruim, irregular ou um tapete. Há quem chame os maus gramados de charcos. Um campo pode ser ainda considerado grande ou pequeno porque as dimensões oficiais variam. Pelas regras do futebol, um gramado pode ter no mínimo 67m e no máximo 75m de largura (de uma lateral à outra) e 105m a 110m de extensão (de uma linha de fundo à outra). O mesmo que relvado, campo, quatro linhas.

970. **Gramar**: lutar em campo, entregar-se totalmente ao jogo, jogar com garra.

971. **Grande área**: parte mais dramática do campo, de onde um chute leva muito mais perigo e onde uma falta de defesa é punida com um tiro direto da marca do pênalti, a tal da penalidade máxima.

972. **Grande círculo**: serve apenas para limitar os jogadores adversários quando da saída de bola no início do primeiro e do segundo tempos e após algum gol.

973. **Gravata vermelha**: é a língua de fora que costumam apresentar os jogadores que estão mortos de cansaço, esgotados, pregados.

974. **Grenal**: é o clássico de maior rivalidade do futebol gaúcho, e talvez do Brasil, entre Grêmio e Internacional.

DICIONÁRIO DE FUTEBOLÊS

975. **Grenalização**: processo degenerativo que leva um campeonato a ficar restrito à rivalidade entre duas das equipes participantes. Não é bom para nenhum certame que apenas dois times tenham condições de ganhar o título. Os melhores campeonatos são aqueles em que vários times almejam e podem efetivamente conquistar o troféu de campeão.

976. **Grosso**: adjetivo que caracteriza o jogador sem recursos, com pouca qualidade técnica.

977. **Grupo da morte**: assim é classificada a chave, num torneio, em que só caem times fortes. Como se sabe, as federações distribuem, por critérios diferentes, às vezes até por sorteio, os times em grupos, nos torneios. Quando num mesmo grupo, caem times fortes, favoritos ao título, forma-se o tal grupo da morte.

978. **Guarani**: o Guarani Futebol Clube, da cidade de campinas, interior de São Paulo. Foi campeão brasileiro em 1978.

979. **Guardar**: fazer um gol.

980. **Guarda-redes**: goleiro.

981. **Guarda-valas**: goleiro.

982. **Guardiola**: técnico espanhol de futebol, adorado por parte da imprensa brasileira.

983. **Guardou**: grito do locutor quando da marcação de um gol.

123

H

984. **Haja coração**: bordão difundido pelo locutor Galvão Bueno nas transmissões esportivas, antes de partidas decisivas ou tensas.

985. **Hat-trick**: estrangeirismo que se usa para um jogador que faz três gols numa partida.

986. **Hepta**: o time sete vezes campeão de um campeonato ou torneio.

987. **Hermanos**: é como a imprensa brasileira trata os jogadores argentinos, também chamados de milongueiros e catimbeiros.

988. **Hexa**: o time seis vezes campeão de um campeonato ou torneio.

989. **Hino**: é a música que louva um clube, seus feitos e seus craques, e que a torcida canta para embalar os jogadores durante as partidas.

990. **Homem a homem**: marcação muito agressiva que um jogador exerce sobre outro, em geral um craque, para que o adversário não consiga desenvolver seu futebol com liberdade.

991. **Homem da maca**: Macário.

DICIONÁRIO DE FUTEBOLÊS

992. **Homem de confiança**: jogador que goza de prestígio com um treinador.

993. **Homem de preto**: árbitro, juiz.

994. **Homem de referência**: jogador de área que, por sua postura sempre próxima ao gol, acaba sendo a referência para os organizadores no meio de campo.

995. **Homem-gol**: o artilheiro, o camisa 9.

996. **Honda**: jogador japonês que atuou brevemente pelo Botafogo.

997. **Horta**: lendário presidente do Fluminense. Famosos por introduzir o troca-troca no futebol.

998. **Horto**: bairro de Belo Horizonte em que fica o Estádio do Jacaré, do América Mineiro, onde o Atlético costuma mandar seus jogos. Por causa do incrível aproveitamento do Galo naquele estádio, a sua torcida cunhou a expressão provocativa aos adversários: "Caiu no Horto, 'tá morto!".

I

999. **Ibra**: apelido de Ibraimovic, craque da Seleção sueca de futebol.

1000. **Ida e volta**: é o confronto entre duas equipes de cidades diferentes, que se enfrentam duas vezes seguidas, num torneio, em sistema de mata-mata.

1001. **Ídolo**: jogador que cai nas graças de uma torcida por seus gols, por suas jogadas ou por suas atitudes. É ele que atrai o público aos estádios e que aumenta a venda de produtos que tenham a marca do clube.

1002. **Ilha do Retiro**: estádio do Sport Club Recife.

1003. **Imortal**: o Grêmio Foot-ball Porto Alegrense, tradicional clube gaúcho.

1004. **Impedimento**: posicionamento em que um jogador, ao receber a bola, só tem um jogador entre ele e o gol. Para que possa concluir uma jogada, o atacante deve ter sempre dois jogadores. Ou seja, geralmente além do goleiro, um jogador adversário entre ele e o gol. Essa regra impede que os times deixem alguém parado lá na frente à espera de um lançamento para fazer o gol. É essa lei do futebol que faz com que

DICIONÁRIO DE FUTEBOLÊS

todos os jogadores fiquem agrupados numa determinada faixa do campo e torna o jogo mais compacto e disputado. Fugir do impedimento exige atenção e presença de espírito dos atacantes que podem ter uma jogada anulada por centímetros.

1005. **Imperador**: apelido de Adriano, centroavante da Seleção Brasileira na Copa de 2006.

1006. **Inacreditável**: lance fora do comum, como a perda de um gol por um jogador que esteja quase embaixo das traves.

1007. **Incomodar**: causar problemas ao time adversário pela marcação rigorosa ou pelos ataques constantes.

1008. **Incômodo**: eufemismo para dor. Equivale a outro eufemismo, o Desconforto.

1009. **Independência**: estádio de futebol do América de Minas.

1010. **Indivíduo competente**: no dizer de Waldyr Amaral, grande narrador de rádio do século XX, era o jogador que fazia o gol, que colocava a bola na rede.

1011. **Infiltração**: ultrapassagem, com ou sem a bola, da linha de defesa do adversário.

1012. **Injeção**: chute na bola com o bico da chuteira. Agulhada

1013. **Intenção**: substantivo abstrato muito utilizado no futebol. Ela determina o dolo, a maldade de um jogador em determinados lances. Um lance pode ser violentíssimo e acarretar até uma séria contusão num jogador; porém, se ficar claro que o jogador que machucou o adversário não tinha a intenção de machucar o adversário ele pode ser perdoado pela arbitragem.

1014. **Intensidade**: característica de um jogo medida pela entrega dos jogadores na disputa das jogas. Jogos decisivos costumam ser mais intensos.

1015. **Intermediária**: é o espaço que fica entre as duas áreas e onde se desenvolve a maior parte do jogo. Nesse setor, atuam os jogadores de meio de campo. Há a intermediária defensiva, onde atuam os volantes e a ofensiva, onde criam as jogadas de ataque os meias de ligação.

1016. **Internacional**: O Sport Club Internacional, de Porto Alegre, clube multicampeão, conhecido como Colorado. Tem como símbolo o Saci. Manda seus jogo no Estádio Beira-Rio.

1017. **Intervalo**: parada de quinze minutos, para descanso dos jogadores, entre os dois tempos de quarenta e cinco minutos que toda partida de futebol tem.

1018. **Intocável**: diz-se do jogador que nunca é substituído e que tem lugar cativo na equipe.

1019. **Invencibilidade**: período em que um time passa sem ser derrotado.

1020. **Inversão**: ato de lançar a bola para o lado oposto do campo, de uma lateral a outra.

1021. **Invicto**: o time que não sofre derrotas por um período.

1022. **Ir à linha de fundo**: chegar bem próximo à última linha do campo, por meio de dribles ou triangulações, para dessa posição cruzar na área. Os cruzamentos feitos da linha de fundo são em geral muito perigosos.

DICIONÁRIO DE FUTEBOLÊS

1023. **Ir ao mercado**: diz-se de um time que busca jogadores para reforçar seu elenco

1024. **Ir em cima**: marcar, dar o bote, exercer a marcação, pressionar o adversário que está com a bola.

1025. **Ir na bola como num prato de comida**: demonstrar imenso desejo de roubar a bola do adversário.

1026. **Ir pra galera**: comemorar junto à torcida.

1027. **Ir pra geladeira**: ser barrado ou afastado do time principal ou dos gramados.

1028. **Ir pro chuveiro**: ser expulso. Sair da partida.

1029. **Isolar a bola**: chutar a pelota para longe do campo, em geral para as arquibancadas. Antigamente, dizia-se: "Bola pro mato que o jogo é de campeonato!", numa alusão aos campos de várzea, em geral circundados por matagais. Chutar uma bola para o mato equivalia a ganhar algum tempo, já que nesses campinhos não há gandulas e o matagal é de difícil acesso, o que retarda o reinício do jogo.

1030. **Ítalo del Cima**: Pequeno estádio do Campo Grande localizado no progressista bairro da zona oeste do Rio de Janeiro.

J

1031. **Já tem cartão**: grito das arquibancadas que soa como um advertência ao árbitro em relação a um jogador que deve, após cometer mais uma infração violenta, ser expulso, pois já recebeu anteriormente o cartão amarelo.

1032. **Jabulany**: Bola oficial da Copa do Mundo da África do Sul, realizada em 2010.

1033. **Jair da Rosa Pinto**: craque do Vaso e da seleção Brasileira de 1950.

1034. **Jairzinho**: o Furacão da Copa de 1970, no México, por sua força, sua velocidade e seu poder de devastar as defesas adversárias. Fez gols em todas as partidas naquela competição.

1035. **Janela de transferência**: período em que as equipes europeias podem incluir novos jogadores em seus elencos e, por isso, saem pelo mundo em busca de reforços. É temido pelos clubes brasileiros porque seus atletas de destaque são quase sempre levados para jogar fora do país nessa época.

1036. **Japonês**: jogador ruim, que não se diferencia entre os demais.

1037. **Jejum**: período que um atacante passa sem fazer gols.

DICIONÁRIO DE FUTEBOLÊS

1038. **Jogada**: ação individual ou coletiva realizada durante um jogo de futebol. As ações individuais em geral são construídas pelos jogadores mais habilidosos e são constituídas por uma série de dribles, ou um drible e uma conclusão ao gol, etc. As ações coletivas são concatenadas entre dois ou mais jogadores que envolvem com passes os adversários.

1039. **Jogada de efeito**: malabarismo com a bola em que o protagonista do lance demonstra grande técnica e habilidade.

1040. **Jogada aérea**: cruzamento sobre a área do adversário para que um atacante tente cabecear para o gol. Chuveirinho.

1041. **Jogada ensaiada**: é a ação coletiva previamente combinada nos treinos.

1042. **Jogada vertical**: evolução em direção ao gol do adversário, sem passes laterais ou para trás.

1043. **Jogador apoiado**: aquele que conduz a bola e tem ao seu lado jogadores disponíveis para a troca de passes.

1044. **Jogador de empresário**: diz-se do jogador que é ligado a um empresário e que por isso tem lugar garantido no time.

1045. **Jogador de segundo tempo**: aquele que só atua bem quando entra na segunda etapa da partida.

1046. **Jogador de velocidade**: aquele que prima pela velocidade de suas jogadas. É utilizado em contra-ataques.

1047. **Jogador diferenciado (ou diferente)**: é como alguns jornalistas esportivos e treinadores se referem aos jogadores que estão acima da média.

131

1048. **Jogador maldoso**: é aquele que sempre entra nas jogadas com a intenção de machucar o adversário.

1049. **Jogador operário**: o que trabalha para o time, que corre e marca sem descanso.

1050. **Jogador portador**: o que tem a bola, o que deve ser apoiado pelos companheiros e marcado diretamente pelos adversários mais próximos.

1051. **Jogador problema**: é aquele que, apesar de suas qualidades técnicas, vive arranjando confusão com os dirigentes, com os companheiros, com o técnico e até com a torcida.

1052. **Jogador terminal**: aquele que só toca na bola para concluir a gol. É o chamado matador

1053. **Jogão**: jogo muito bom, jogo que cria enorme expectativa nos torcedores e na imprensa

1054. **Jogar a temporada**: assim se referem os profissionais da imprensa esportiva a uma partida que é a mais importante da temporada para um determinado time.

1055. **Jogar a vida**: expressão que denota a dramaticidade uma partida de futebol pelos prejuízos ou lucros que possa resultar.

1056. **Jogar as luvas**: diz-se do goleiro que se estica todo, em vão, para alcançar uma bola indefensável.

1057. **Jogar com o regulamento embaixo do braço**: diz-se do time que entra em campo sabendo do resultado que mais lhe interessa. Se o empate é favorável, o time joga retrancado e promove, por exemplo, a cera.

DICIONÁRIO DE FUTEBOLÊS

1058. **Jogar contra o patrimônio**: jogada em que se coloca em risco o próprio gol. Gol contra, passe errado na defesa.

1059. **Jogar contra o relógio**: diz-se do time que tem pouco tempo para inverter um resultado adverso.

1060. **Jogar de terno**: jogar de maneira elegante em relação aos movimentos em campo.

1061. **Jogar em casa**: jogar em seu estádio, diante de sua torcida, na sua cidade. São vantagens de um time que joga em casa o apoio da torcida, a complacência do trio de arbitragem, muitas vezes permeável às pressões da torcida e dos dirigentes locais; além da intimidade dos jogadores com as dimensões e as deformações do gramado e com as condições climáticas locais.

1062. **Jogar em linha**: armação ortodoxa e perigosa de uma defesa.

1063. **Jogar feio**: jogar pelo resultado, sem se preocupar com a plástica do jogo, mas só com o resultado.

1064. **Jogar fora de casa**: atuar no campo do adversário, em outra cidade, estado ou país.

1065. **Jogar na linha**: atuar em qualquer posição que não seja o gol.

1066. **Jogar pedrinhas**: diz-se de um jogador que, numa determinada partida, teve uma atuação abaixo da média, sofrível.

1067. **Jogar pelo empate**: jogar recuado, fazendo o tempo passar porque o empate lhe favorece.

1068. Jogar pelo resultado: atuar em conformidade com o regulamento, sem se arriscar; atitude de um time que pode, por exemplo perder por um gol de diferença e que, por isso, não se arrisca no ataque nem expõe sua defesa.

1069. Jogar por música: expressão que caracteriza um time muito bom e entrosado, que realiza ações concatenadas como se fossem todas ensaiadas, como uma orquestra.

1070. Jogar pra torcida: fazer firula, dar dribles às vezes desnecessários. Fingir uma entrega que não é verdadeira, jogando-se ao chão para tentar salvar uma bola que sai pela lateral.

1071. Jogar pro time: cumprir funções táticas não observáveis pelo público.

1072. Jogar simples: não enfeitar ou fazer firulas

1073. Jogar torto: diz-se de um jogador que atua pelo lado direito, mas é canhoto, ou vice-versa.

1074. Jogo aéreo: é a utilização da bola alta como arma ofensiva.

1075. Jogo apoiado: o jogo baseado na troca de passes, possibilitada pela proximidade dos jogadores. Os times bem compactados são os que mais usufruem desse procedimento.

1076. Jogo da TV: a partida que será transmitida pela televisão, no domingo à tarde ou na quarta-feira à noite.

1077. Jogo da vida: Trata-se de uma partida em que um time tem de escapar de um rebaixamento ou está na condição de precisar vencer para seguir em frente no campeonato.

1078. **Jogo da volta**: é o segundo jogo de uma disputa por mata-mata.

1079. **Jogo de compadres**: diz-se da partida em que fica a impressão de que os adversários não se empenham como deveriam, deixando parecer que o resultado agradou aos dois times.

1080. **Jogo de fundo**: jogo principal de uma rodada dupla. É a partida realizada mais tarde numa programação com mais de uma partida numa mesma tarde ou noite.

1081. **Jogo de ida**: é a primeira partida de uma disputa por mata-mata.

1082. **Jogo de seis pontos**: as vitórias, como se sabe, valem três pontos. Logo, não há partida que valha seis pontos. Essa expressão foi cunhada por alguém que quis atribuir a um jogo uma dramaticidade e um valor maior do que o que ela tem de verdade. E, de modo geral, usa-se essa expressão para nomear os jogos em que dois times que disputam as mesmas posições e que estão encostados na tabela se enfrentam.

1083. **Jogo de um time só**: expressão que indica o domínio absoluto de um time sobre o outro numa partida.

1084. **Jogo de uma torcida só**: partida em que por razões diversas apenas uma das torcidas comparece ao estádio.

1085. **Jogo de xadrez**: partida equilibrada, em geral, sem emoção, em que prevalece a tática preparada pelos treinadores e não a técnica dos jogadores.

1086. **Jogo é jogado e o lambari é pescado (O)**: frase muito repetida pelo comentarista Juarez Soares que queria dizer que não se pode prever o resultado de uma partida.

1087. **Jogo em andamento**: diz-se de um jogo que ainda está acontecendo.

1088. **Jogo encardido**: jogo difícil, espinhoso, equilibrado.

1089. **Jogo enroscado**: jogo difícil, parelho, equilibrado.

1090. **Jogo exterior**: que se realiza pelos corredores laterais.

1091. **Jogo feio**: o jogo muito disputado, cheio de faltas e de disputas ríspidas.

1092. **Jogo grande**: jogo decisivo, entre equipes de grande expressão.

1093. **Jogo interior**: que se realiza pelo corredor central.

1094. **Jogo lá e cá**: partida equilibrada, com ataques de parte a parte.

1095. **Jogo limpo**: em que não são cometidas muitas faltas, ou faltas violentas; em que não se pratica o antijogo

1096. **Jogo morno**: é o jogo em que as equipes não demonstram muita vontade nas disputas. É aquele que faz desanimar os espectadores pela baixa intensidade de empenho dos seus participantes em campo, como num amistoso.

1097. **Jogo pegado**: diz-se da partida que está disputada com muita virilidade pelos atletas e que, por isso, não há espaço para que as jogadas fluam normalmente. Jogo cheio de faltas, com muita marcação de parte a parte.

1098. **Jogo perigoso**: é a jogada em que um jogador, numa bola dividida, levanta demais o pé e ameaça a integridade física do adversário com a sola da chuteira.

DICIONÁRIO DE FUTEBOLÊS

1099. **Jogo por dentro**: jogada que se desenvolve no corredor central do campo.

1100. **Jogo truncado**: partida cheia de faltas e em que, por isso, a bola não anda como deveria. Em geral, partidas assim terminam sem gols.

1101. **Joia**: jogador das categorias de base de quem se espera muito técnica e financeiramente.

1102. **Juiz**: é a pessoa encarregada de fiscalizar os jogadores durante uma partida. Corre sem tocar na bola, ao lado dela, para marcar, com seu apito, as faltas que são cometidas. Deve, também, manter a ordem e a disciplina em campo; para isso, dispõe dos cartões amarelo e vermelho, que deve aplicar com bom senso e rigor. Pode também interromper uma partida se observar alguma perturbação que coloque em risco o bom andamento do jogo. É auxiliado por duas pessoas que ficam nas laterais do gramado com a missão de assinalar os impedimentos e as saídas de bola por uma das linhas que limitam o gramado. Tornou-se um personagem importantíssimo do futebol e centro das atenções de todo o público porque suas falhas podem decidir partidas ou encaminhar resultados. As marcações equivocadas do trio de arbitragem são flagradas pelas dezenas de câmeras que as emissoras de televisão espalham por todo o estádio e há até ex-juízes que comentam a atuação dos árbitros em campo.

1103. **Juiz caseiro**: diz-se do juiz que habitualmente apita favoravelmente aos times que jogam em casa

1104. **Juiz de linha**: o bandeirinha

137

1105. **Juiz de videoteipe**: ex-árbitro que comenta a arbitragem vendo e revendo os lances pela TV. A expressão é pejorativa e denota que "apitar" da cabine da TV, com o auxílio da tecnologia é muito mais fácil do que arbitrar uma partida no gramado, com tudo o que o envolve

1106. **Juiz erra para os dois lados (O)**: frase cínica que tem a intenção de atenuar ou relativizar os erros do juiz numa partida de futebol e fazer crer aos incautos que a arbitragem é imparcial.

1107. **Julles Rimet**: taça da FIFA destinada ao clube que em primeiro lugar conquistasse três títulos mundiais. Foi entregue ao Brasil após a Copa do Mundo de 1970, em que o Brasil sagrou-se tricampeão.

1108. **Júnior**: categoria das divisões de base anterior ao profissionalismo.

1109. **Júnior**: jogador muitas vezes campeão pelo Flamengo, lateral da Seleção Brasileira na Copa de 1982 e meio-campo da Seleção Brasileira de 1986. Exerce atualmente a função de comentarista de futebol.

1110. **Juvenil**: jogador menor de idade, em preparação para o futebol profissional.

1111. **Juventude**: o Esporte Clube Juventude, de Caxias do Sul.

1112. **Juventus**: o Clube Atlético Juventus de São Paulo. É conhecido como o "Moleque Travesso".

1113. **Juventus**: o Juventus Football Club de Turim, na Itália. Conhecido como "A Velha Senhora".

K

1114. **Kaiser**: Apelido de Beckenbauer, memorável jogador alemão, campeão do mundo com sua seleção em 1974.

1115. **Keaper**: Antiga denominação do goleiro.

1116. **Klisman**: célebre atacante e treinador da Seleção Alemã.

1117. **Klopp**: treinador alemão que levou o Liverpool ao campeonato do Mundo em 2019.

1118. **Kross**: meio-campista alemão de grande categoria e classe. Atuou nas Copas do Mundo de 2014, em que a Alemanha sagrou-se campeã do mundo, e 2018. Notabilizou-se no time do Real Madrid três vezes campeão da Champions League em 2013-14, 2015-16, 2016-17 e 2017-18.

L

1119. **La Liga**: A liga de futebol da Espanha, o campeonato espanhol.

1120. **Lá onde a coruja dorme**: bola que entra no ângulo superior formado por uma das traves e o travessão; em alguns campos de várzea pelo Brasil, a coruja pousa no travessão, em cima desse local, o que fez o narrador criar essa expressão, íntima de quem aprecia o futebol.

1121. **Ladrão**: grito em que se alerta um companheiro acerca da presença de um adversário que se aproxima por trás dissimuladamente. O termo pode ser usado pela torcida para protestar, em coro, contra a atuação do árbitro.

1122. **Ladrão de bola**: marcador que faz muitos desarmes, em geral, surpreendentes.

1123. **Lambança**: jogada pífio, erro grosseiro, pixotada.

1124. **Lambreta**: É um drible em que o atacante prende a bola entre os pés e, ato contínuo, levanta-a por trás do corpo, sobre ele próprio e sobre o marcador que está à sua frente. É dos mais belos e acrobáticos dribles do futebol.

DICIONÁRIO DE FUTEBOLÊS

1125. **Lampions League**: trocadilho bilíngue com que é chamada informal e graciosamente a Copa do Nordeste.

1126. **Lançamento em profundidade**: passe feito pelo alto, de muito longe, para um jogador de ataque, que recebe a bola em ótimas condições de fazer o gol. É uma jogada surpreendente porque, se bem feito, pega a defesa desarrumada e, portanto, desapercebida. Demonstra visão de jogo do jogador que lança a bola e oportunismo do jogador que recebe o passe, além de entrosamento entre os dois. Foi notabilizado pelo jogador Gérson, camisa oito da Seleção Brasileira tricampeão em 1970, no México.

1127. **Lançamento**: passe longo com destino certo.

1128. **Lançar**: fazer um passe longo, direcionado a um jogador que esteja no ataque ou deslocando-se para ocupar um espaço vazio.

1129. **Lance**: acontecimento de um jogo, jogada: pode ser um drible, uma tabela, um ataque, uma defesa do goleiro, um gol, um lançamento, uma trapalhada ou uma falta.

1130. **Lance de efeito**: de difícil execução, plástica, executada normalmente por jogadores habilidosos e ousados.

1131. **Lance de interpretação**: diz-se da jogada que pode ou não ser interpretada como faltosa pela arbitragem.

1132. **Lance em revisão**: momento em que um gol está sendo revisto pela equipe do VAR, em busca de possíveis irregularidades no lance.

141

1133. **Lance involuntário**: jogada, boa ou ruim, que ocorre sem que o jogador protagonista tivesse a intenção de fazê-la.

1134. **Lance polêmico**: é como a imprensa se refere eufemisticamente às marcações erradas dos árbitros durante uma partida de futebol.

1135. **Lanterna, lanterninha**: último clube colocado no campeonato.

1136. **Laranja mecânica**: Antonomásia com a qual se faz referência à revolucionária seleção da Holanda que disputou a Copa de 1974, na Alemanha. O sistema tático em que nenhum jogador tinha posicionamento fixo e os diversos estratagemas que colocavam em prática e que enlouqueciam os adversários durante as partidas ganharam esse nome, numa alusão ao famoso filme de Stanley Kubrick, sucesso da época, e à cor da camisa do time holandês.

1137. **Largar o sapato**: chutar muito forte de muito longe.

1138. **Lateral (direito ou esquerdo)**: jogador de defesa que atua pelo lado do campo. Tem liberdade para também atacar, mas não pode deixar seu setor desguarnecido.

1139. **Lateral mochila**: aquele que avança demais ao ataque e deixa desguarnecida a sua defesa ou o seu setor.

1140. **Lateral**: A reposição da bola que sai por uma das linhas paralelas que limitam lateralmente o gramado ao jogo é feita manualmente por um jogador da equipe contrária àquela que colocou a bola para fora.

DICIONÁRIO DE FUTEBOLÊS

1141. **Lateralidade**: o mesmo que amplitude

1142. **LDU**: tradicional clube do Equador.

1143. **Leão**: Goleiro da Seleção Brasileira nas copas do mundo de 1974 e 1978.Leão de treino: jogador que rende muito nos treinamentos, mas que não rende o mesmo nos jogos.

1144. **Leão**: o Sport Clube de Recife.

1145. **Leão da Copa**: apelido de Vavá, atacante do Vasco, bicampeão do Mundo com a Seleção Brasileira em 1958 e 1962.

1146. **Leão de treino**: o jogador que atua muito bem nos treinamentos, mas que no jogo não rende tanto.

1147. **Leão do Pici**: o Fortaleza Esporte Clube

1148. **Leeds United**: tradicional clube do futebol inglês.

1149. **Lei do ex**: usa-se essa expressão quando um jogador faz gol numa equipe em que já atuou.

1150. **Leiteiro**: goleiro que tem muita sorte.

1151. **Leiteria**:; apelido de Castilho, goleiro do Fluminense, por sua sorte incomum.

1152. **Leitura**: percepção e compreensão do jogo.

1153. **Leivinha**: atacante do Palmeiras e da Seleção Brasileira em 1974, na Alemanha.

1154. **Lelé**: apelido de Orlando, lateral do Vasco da Gama.

1155. **Lençol**: jogada em que um jogador joga a bola por cima de um oponente e a pega, em seguida, na frente.

1156. **Ler o jogo**: entender como uma partida de futebol está se desenvolvendo. Quais os pontos fortes e

143

as fragilidades de cada time e o que cada um deve fazer para tentar ganhar o jogo. É uma qualidade esperada dos comentaristas e dos treinadores, mas alguns jogadores a têm também e, por isso, são considerados "auxiliares" do técnico em campo.

1157. **Lesionado**: jogador machucado, em Portugal

1158. **Levantamento**: cruzamento.

1159. **Levantar a bola**: alçar a bola na área adversária.

1160. **Levar o drible**: ser driblado por um adversário.

1161. **Levar vantagem**: ocorre quando o árbitro percebe que, apesar de sofrer uma falta, um jogador que está com a bola levou vantagem no lance e continuou progredindo em direção ao gol. Em vez de parar a jogada, o juiz deixa o jogo prosseguir. É, portanto, um lance em que a marcação da falta beneficiaria o infrator que poderia assim reorganizar-se na defesa.

1162. **Líbero**: jogador que atua à frente da zaga ou atrás dela, na sobra, auxiliando na cobertura da defesa e, ao mesmo tempo, livre para iniciar um contra-ataque.

1163. **Liberta**: redução afetiva de Libertadores.

1164. **Libertadores**: competição que envolve os melhores times de cada país da América do Sul e do México. O campeão disputa o Mundial de Clubes, competição da FIFA que se realiza no fim do ano e que é sediado a cada ano num país diferente, em geral da Ásia.

1165. **Líder**: jogador que tem ascendência sobre os demais em seu time.

DICIONÁRIO DE FUTEBOLÊS

1166. **Líder**: time que num determinado momento do campeonato está à frente dos demais na tabela de classificação.

1167. **Liderança**: situação em que um time está momentaneamente na frente, em número de pontos ganhos, num campeonato.

1168. **Liga**: reunião de times, grupo de clubes que disputam um campeonato organizado por eles próprios, sem a chancela ou jugo de uma federação.

1169. **Ligação direta**: chute que é dado da zona de defesa para o ataque, sem a passagem da bola pelo setor de meio de campo que é o responsável pela organização da jogada.

1170. **Ligamento**: parte posterior do joelho que faz sofrerem os jogadores profissionais, muitos deles acometidos de lesões nessa parte da anatomia.

1171. **Limitado**: diz-se que um jogador é limitado como um eufemismo para "ruim", "sem técnica", "sem recursos".

1172. **Limpar a área**: chutar a bola para longe da área defensiva, afastando o perigo iminente que o time corria de sofrer um gol.

1173. **Limpar a jogada**: dar um drible num adversário e, assim, ficar com o campo livre para evoluir com a bola ou chutar a gol.

1174. **Linha**: jogadores de um time, com exceção do goleiro.

1175. **Linhas táticas**: são os grupos de jogadores de cada setor do campo: defesa, meio campo e ataque.

1176. **Linha alta**: posicionamento adiantado da defesa, mais próxima do ataque.

1177. **Linha baixa**: posicionamento recuado da defesa, bem próximo da sua própria área.

1178. **Linha burra**: ocorre quando a zaga (os quatro ou três últimos mais recuados jogadores da linha) posta-se em linha e se adianta, em conjunto, para deixar um atacante adversário em impedimento. A ação se não for bem sincronizada pode ser muito perigosa porque deixará um jogador do outro time livre na área ofensiva, em excelentes condições de marcar o gol.

1179. **Linha de meio de campo**: linha que divide o gramado em dois. Ela recebe um círculo no centro do campo, de onde a bola é tocada para a partida começar.

1180. **Linha de passe**: controle da bola sem que o adversário consiga interceptá-la.

1181. **Liquidar a fatura**: marcar um gol que sacramenta uma vitória.

1182. **Liso**: jogador driblador, difícil de ser marcado.

1183. **Liverpool**: tradicional clube do futebol inglês.

1184. **Livrar-se da bola**: dar um passe a esmo, não planejado, apenas para não correr risco de perder a bola.

1185. **Locutor**: o mesmo que narrador ; a voz que transmite o jogo pelo rádio, pela TV ou pela internet.

1186. **Londrina**: o Londrina Esporte Clube, tradicional agremiação do Paraná.

1187. **Losango**: armação do meio-de-campo que, pelo posicionamento dos jogadores, lembra essa figura geométrica.

DICIONÁRIO DE FUTEBOLÊS

1188. **Lua de mel**: período em que a torcida e o time vivem às mil maravilhas.

1189. **Ludopédio**: termo que os puristas do idioma substituísse o estrangeirismo Foot ball.

1190. **Luvas**: quantia que os jogadores recebem do clube ao fazerem ou renovarem seu contrato de trabalho.

M

1191. **Maca**: padiola na qual são transportados os jogadores contundidos para fora de campo, onde receberão atendimento médico.

1192. **Macaca**: é o termo que designa a Ponte Preta de Campinas, São Paulo, um dos mais antigos clubes do Brasil.

1193. **Macários**: funcionários do estádio encarregados de carregarem a maca.

1194. **Madura**: redução afetiva de Madureira

1195. **Madureira**: o Madureira Esporte Clube, tradicional agremiação carioca, conhecido também como o Tricolor Suburbano

1196. **Maestro**: jogador técnico e inteligente que comanda o seu time em campo com jogadas e instruções.

1197. **Magalhães Pinto**: o Estádio do Mineirão, em Belo Horizonte.

1198. **Mago (O)**: Valdívia, jogador muito habilidoso que atuou pelo Palmeiras e pela Seleção Chilena.

1199. **Magrão**: Sócrates, craque do Corinthians e da Seleção Brasileira em 1982 e 1986, na Espanha e no México, respectivamente.

DICIONÁRIO DE FUTEBOLÊS

1200. **Mais querido**: como os rubro-negros referem-se ao Flamengo, por ser o clube de maior torcida do Brasil.

1201. **Majestoso**: o clássico entre Corinthians e São Paulo.

1202. **Mala**: nas vésperas de jogos que envolvem título, classificação para outras fases do torneio ou para campeonatos mais importantes, e rebaixamento, sempre se fala em "malas de dinheiro" que seriam levados a um ou outro clube ou aos árbitros para manipular um resultado. Nunca se provou a existência desse recurso extracampo, mas os indícios de que essa prática exista são fortes.

1203. **Mala branca**: é a expressão que se refere a uma quantia em dinheiro a ser entregue a um clube para que ele vença uma partida e, com sua vitória, auxilie um outro, em geral, o que oferece o prêmio.

1204. **Mala preta**: é o dinheiro que se oferece a um time ou a um jogador para que ele não se empenhe tanto numa determinada partida. Também não há provas de que isso ocorra de verdade, mas sempre se levantam suspeitas sobre essa prática nas vésperas das partidas decisivas.

1205. **Mancha Verde**: torcida organizada do Palmeiras.

1206. **Manchester City**: tradicional clube inglês, de uniforme azul e branco. Seus torcedores são chamados de Citizens.

1207. **Manchester United**: tradicional clube inglês, de uniforme vermelhos e branco. Os reds são os maiores campeões ingleses.

149

1208. **Mandar o jogo**: sediar uma partida, diz-se quando um time joga em seu próprio campo.

1209. **Mandar no jogo**: dominar a partida, ter mais posse de bola, atacar em massa e não dar chance ao adversário de uma reação.

1210. **Mando de campo**: determina o time que joga em casa, no seu estádio e na sua cidade.

1211. **Mané Garrincha**: lendário jogador do Botafogo e da Seleção brasileira, para muitos, o maior ponta-direita de todos os tempos. Foi destaque na Copa do Mundo de 1958 e eleito o melhor jogador da Copa do Mundo de 1962.

1212. **Mangueirão**: tradicional estádio de Belém do Pará.

1213. **Mano**: técnico da Seleção Brasileira na Copa do Mundo de 2010, na África do Sul.

1214. **Mano a mano**: diz-se da jogada em que dois jogadores adversários se veem isolados numa jogada de ataque ou de defesa, um contra o outro, para o bem ou para o mal. É como um duelo. Para um atacante é ótimo ter apenas um jogador a marcá-lo, porque as chances de chegar ao gol são maiores.

1215. **Manos**: torcedores do Sport Club Corinthians Paulista.

1216. **Manto**: a camisa do time.

1217. **Mão**: infração em que um jogador, conscientemente ou não, toca com a mão, ou com o braço na bola. O toque consciente com alguma parte dos membros superiores na bola é punido com cartão amarelo. Há o gesto interpretado como "Mão na Bola", em que se percebe o dolo do jogador que o cometeu, e a atitude chamada de "Bola na mão", em que fica claro que a bola bateu na mão de um jogador sem que ele tenha tido a intenção disso.

1218. **Mão de alface**: diz-se maldosamente do goleiro que deixa a bola escorregar mansamente para dentro do gol por não empregar a força necessária para impedi-la de entrar.

1219. **Mão de Deus**: Como Maradona, grande craque argentino, refere-se ao gol irregular que fez com a mão sobre a Inglaterra, na Copa do Mundo de 1986, no México, do qual a seleção portenha se sagraria campeã.

1220. **Mão de quiabo**: expressão que classifica os goleiros que sempre soltam as bolas que são chutadas para o seu gol, mesmo as consideradas defensáveis.

1221. **Mão na bola**: é uma das regras do futebol mais polêmicas. Os critérios para se marcar uma infração quando a bola bate na mão de um jogador de linha não são claros e levam em conta a interpretação do juiz, ou, o que é pior, as suas intenções, boas ou más.

1222. **Mão trocada**: gesto técnico em que o goleiro tenta interceptar a bola com a mão contrária ao lado em que a bola foi chutada.

1223. **Mapa de calor**: demonstra graficamente a movimentação de um jogador ou de um time durante uma partida de futebol.

1224. **Máquina**: time muito bom que joga tão bem e tão concatenado que parece uma engrenagem.

1225. **Maracanã**: mítico estádio de futebol localizado no Rio de Janeiro, que já sediou a final de duas Copas do Mundo e os maiores clássicos do futebol brasileiro. Era considerado, antes das várias reformas que sofreu desde a sua inauguração, em 1950, o maior do mundo, com capacidade para mais de cento e cinquenta mil pessoas. Abrigou os maiores públicos da história do futebol brasileiro.

1226. **Maracanaço**: é o nome pelo qual ficou conhecida a final da Copa do Mundo de 1950 em que o Uruguai venceu surpreendentemente o Brasil, que jogava em casa, no Maracanã e era favoritíssimo à conquista do torneio.

1227. **Maradona**: grande craque argentino, que levou a sua seleção ao título de campeã do Mundo em 1986, no México.

1228. **Maravilha**: apelido de Túlio, centroavante do Botafogo de Futebol e Regatas, e de Fio, atacante do Flamengo do Rio de Janeiro.

1229. **Marca da cal**: o local de onde é cobrada a penalidade máxima, o pênalti.

1230. **Marcação alta**: marcação exercida no campo do time adversário, para evitar que ele saia com tranquilidade da defesa.

1231. **Marcação encaixada**: diz-se da marcação que está ajustada, que não dá espaço de movimentação ao time adversário.

1232. **Marcação por zona**: marcação em que os jogadores marcam os adversários que caírem em sua área de atuação.

DICIONÁRIO DE FUTEBOLÊS

1233. **Marcar**: dar combate ao adversário para tentar roubar-lhe a bola.

1234. **Marcar a distância**: é a marcação por zona.

1235. **Marcar em cima**: marcação muito agressiva em que se procura diminuir ao máximo o espaço que o adversário que está com a bola tenha para pensar e jogar.

1236. **Maria-chuteira**: mulher que idolatra os jogadores e anda atrás deles em estádios, festas, boates, praias e clubes. Muitas marias-chuteiras conseguem até fisgar um marido nessas aproximações e demonstrações de paixão e idolatria, mas a maioria serve apenas de companhia passageira para os solitários rapazes nos raros momentos de folga que têm.

1237. **Marmelada**: arranjo escuso de uma partida, combinação prévia do resultado de um jogo.

1238. **Martelar**: insistir em jogadas de ataque em busca do gol.

1239. **Mascarado**: jogador cheio de si, metido a besta, que em campo só tenta jogadas de efeito e para proveito próprio.

1240. **Mascote**: o símbolo de um time.

1241. **Massa Bruta**: O Clube Atlético Bragantino da cidade de Bragança Paulista, interior de São Paulo.

1242. **Massacre**: usa-se essa expressão hiperbólica para descrever um jogo em que um time foi muito superior a outro.

1243. **Massagista**: funcionário do clube que antecedeu o fisioterapeuta. Acumula funções: leva recado do treinador para os jogadores, no campo, pressiona o juiz, atua como segurança. É, em geral, uma figura folclórica do futebol.

1244. **Master**: categoria de jogadores que já se aposentaram e se reúnem para jogar partidas de exibição.

1245. **Mata o outro esfola (Um)**: expressão que se refere a um dupla de zagueiros conhecidos pela violência e pela virilidade com que se empregam nas jogadas.

1246. **Matador**: o artilheiro, o goleador de um time.

1247. **Mata-mata**: competição em que duas equipes jogam entre si duas vezes, um jogo em cada campo, e uma delas apenas "sobrevive" no campeonato. O resultado dos dois jogos se dá pelo placar agregado das duas partidas. Note-se que nesse tipo de disputa, gol marcado na "casa do adversário" vale muito e pode ser decisivo. Quando os jogos terminam empatados, resolve-se a disputa na cobrança de pênaltis.

1248. **Matar a bola**: dominar a bola, retê-la, amaciá-la para começar ou dar prosseguimento a uma jogada.

1249. **Matar no peito**: amortecer a bola que vem pelo alto, dominando-a com o peito.

1250. **Matar o ataque**: errar numa decisão de passe ou chute, estragando uma jogada promissora de ataque.

1251. **Matar o jogo**: definir ou decretar a vitória, fazer um gol que impeça completamente a reação do adversário; às vezes um time joga melhor do que o outro, mas não "mata o jogo", ou seja, não constrói um placar com uma diferença de gols que lhe dê tranquilidade.

DICIONÁRIO DE FUTEBOLÊS

1252. **Matematicamente campeão**: diz-se do time que já alcançou os pontos para ser campeão ou para se classificar para outra etapa ou torneio.

1253. **Matematicamente rebaixado**: diz-se do time que não pode ais escapar do rebaixamento.

1254. **Matou a jogada**: fez uma falta para evitar a progressão ofensiva do adversário.

1255. **Mauro**: lendário zagueiro e capitão da Seleção Brasileira de 1962.

1256. **Mbapè**: grande craque da seleção francesa de futebol, campeã da Copa de 2018.

1257. **Medalhão**: jogador consagrado, de grande salário e prestígio com a torcida.

1258. **Medo de perder tira a vontade de ganhar (O)**: frase atribuída a Wanderley Luxemburgo, técnico de futebol que expressa antipatia por esquemas muito defensivos.

1259. **Meia**: o jogador de criação de uma equipe, o camisa 10.

1260. **Meia-atacante**: volante de contenção, de marcação, terceiro homem de meio de campo, quarto homem, meia de criação (pela esquerda ou pela direita) ponta (direita ou esquerda), carregador de piano, preparador de jogada, líbero (à frente ou atrás da zaga).

1261. **Meia de criação**: jogador que atua no meio de campo com a incumbência de organizar o jogo. É ele que prepara as jogadas de ataque e, muitas vezes, ainda chega na área para concluir também.

1262. **Meia de ligação**: o mesmo que meia de criação.

155

1263. **Meio da rua**: a intermediária, o meio de campo.

1264. **Meia-lua**: metade de um círculo desenhado na risca da grande área, defronte ao gol. Serve para posicionar os jogadores em relação à meta e é o local preferido pelos cobradores de falta.

1265. **Meio gol**: diz de uma falta muito perigosa que será cobrada por um batedor reconhecidamente competente.

1266. **Meiúca**: o meio de campo.

1267. **Mengálvio**: lendário ponta-direita do Santos Futebol Club nas décadas de 1950 e 1960.

1268. **Menisco**: membrana que recobre as articulações do joelho que é recorrentemente arrancado pelos ortopedistas.

1269. **Mequinha**: apelido carinhoso do América Futebol Clube.

1270. **Mercado**: entidade abstrata, mas muito presente no linguajar do futebol. Diz-se que o mercado está fechado quando não há possibilidade de contratar novos jogadores e de incluí-los no elenco no curso de uma competição. Define os valores oferecidos aos jogadores e treinadores.

1271. **Mercado da bola**: ambiente virtual em que se negociam jogadores e demais profissionais do futebol.

1272. **Meta**: o gol, a baliza.

1273. **Mete**: pedido, súplica ou ordem que se dá a um jogador que tem a bola por alguém que se vê em boas condições de marcar um gol ou pela torcida que percebe a situação por ter a visão geral do campo.

156

DICIONÁRIO DE FUTEBOLÊS

1274. **Mexer**: ação do técnico ao trocar um jogador titular por um reserva.

1275. **Mexida**: troca de jogadores, pelo técnico, motivada por contusão de um dos titulares ou por razões táticas ou técnicas.

1276. **Migué**: encenação de um jogador, simulação, mentira, fingimento de uma contusão para um juiz, para um dirigente ou para o técnico.

1277. **Milagre**: defesa impossível feita pelo goleiro ou por um zagueiro, impedindo o gol.

1278. **Mimimi**: chororô, reclamações diversas acerca da arbitragem, das dimensões do campo, da bola, do estado do gramado etc.

1279. **Mineiraço**: o fiasco do Brasil frente à Alemanha, em que a Seleção Brasileira foi derrotada por Sete a um, na semifinal da Copa do Mundo do Brasil, em 2014.

1280. **Mineirão**: o estádio Magalhães Pinto, palco dos grandes jogos do futebol mineiro.

1281. **Minicorner**: falta ocorrida e cobrada próxima à linha de fundo.

1282. **Miniescanteio**: o mesmo que minicorner.

1283. **Mito**: jogador que é idolatrado pela torcida do seu clube por seus feitos com a camisa do time.

1284. **Moça Bonita**: estádio do Bangu Atlético Clube localizado no bairro da zona oeste do Rio de Janeiro, que é considerado um dos mais quentes da cidade.

1285. **Modric**: clássico meio-campista do Real Madrid e da Seleção da Sérvia.

1286. **Moeda de troca**: diz-se do jogador que tem vínculo contratual com um clube que, por não ter interesse mais nele, vai envolvê-lo em alguma transação com outro clube. Jogador que, por não estar nos planos do técnico, é oferecido em transações com outros clubes.

1287. **Moisés**: zagueiro-zagueiro que jogou em vários clubes e foi técnico do lendário time do Bangu, vice-campeão brasileiro em 1985.

1288. **Moisés Lucarelli**: Estádio da Ponte Preta.

1289. **Moleque travesso**: antonomásia pela qual é conhecido o Clube Atlético Juventus, de São Paulo.

1290. **Momento**: fase, estágio de um time ou de um jogador. O momento pode ser bom ou ruim.

1291. **Monstro**: jogador de grandes qualidades técnicas.

1292. **Monstro Sagrado**: craque consagrado por suas conquistas e glórias.

1293. **Montinho artilheiro**: pequeno desacerto do gramado, próximo ao gol, que desvia a bola, dando-lhe uma trajetória inesperada e surpreendente para o goleiro.

1294. **Monumental de Nuñez**: Estádio do River Plate da Argentina.

1295. **Moral**: ânimo, autoestima, motivação.

1296. **Morrer no ângulo**: bola que descreve uma parábola e entra, macia, no ângulo superior (direito ou esquerdo) do gol.

1297. **Morreu na praia**: diz-se do time que fez ótima campanha, mas não alcançou o título.

DICIONÁRIO DE FUTEBOLÊS

1298. **Morte súbita**: era como se chamava a derrota numa partida que fosse para a prorrogação e que terminasse com o gol de ouro.

1299. **Mortinho**: diz-se do jogador pouco participativo, que não emprega nas partidas como a torcida acha que ele deveria fazer.

1300. **Morto**: jogador que está pregado, cansado, esgotado, extenuado em campo.

1301. **Morumba**: apelido carinhoso do Morumbi

1302. **Morumbi**: estádio Cícero Pompeu de Toledo, campo do São Paulo Futebol Clube, provavelmente o maior estádio de futebol particular do Brasil.

1303. **Mosaico**: painel feito colaborativamente pelas torcidas nas arquibancadas antes das partidas.

1304. **Mosqueteiro**: Epíteto do Corinthians Paulista.

1305. **Mostrar serviço**: diz-se do jogador que, ao receber uma oportunidade, sai-se bem numa partida na qual tenha sido escalado em substituição ao tutular.

1306. **Mostrou a sola**: levantou demais o pé numa jogada dividida, a ponto de permitir ao adversário ver a sola da sua chuteira.

1307. **Moto Club**: tradicional clube de São Luís do Maranhão.

1308. **Motorzinho**: jogador de grande fôlego que corre pelo time todo e está em todos os lugares do campo.

1309. **MSN**: O ataque do Barcelona formado por Messi, Soares e Neymar.

1310. **Mudança**: troca, mexida.

159

1311. **Mudança tática**: diz-se de uma troca em que o treinador, com a substituição, promove uma mudança no posicionamento dos seus jogadores em campo.

1312. **Mulambada**: como são chamados pejorativamente os torcedores do Clube de Regatas do Flamengo.

1313. **Müller**: atacante lendário da seleção alemã de futebol na Copa do Mundo de 1974, em que a Alemanha sagrou-se campeã.

1314. **Murici**: renomado e multicampeão técnico de futebol; recusou ser técnico da Seleção Brasileira que iria à Copa do Mundo de 2010.

1315. **Muricibol**: o futebol praticado pelos times dirigidos pelo técnico Murici Ramalho.

N

1316. **Na caixa**: equivale a "No peito", ou "na medalha". Refere-se à caixa torácica.

1317. **Na cara do gol**: ótima posição para fazer um gol.

1318. **Na corda bamba**: expressão que se refere à situação de um técnico que está para ser demitido caso seu time não passe a vencer seus jogos.

1319. **Na forquilha**: equivale à anterior e é outra referência do futebol profissional ao que se pratica na várzea porque, em muitos campos de pelada, a baliza é formada por pedaços de madeira que se encaixam; as traves geralmente têm o formato de forquilha para que nelas se encaixe o travessão. Por isso, a bola que entra lá encostada nesse encaixe é das mais difíceis para os goleiros.

1320. **Na frente**: pedido de quem quer receber a bola mais à frente, no ataque.

1321. **Na fogueira**: bola passada a um companheiro que está cercado de jogadores adversários.

1322. **Na maldade**: diz-se de um jogador que tenha entrado numa jogada com a intenção de machucar o adversário.

1323. **Na medalha**: lançar uma bola pelo alto de modo a que o receptor do passe a domine com o peito, bem onde ficaria a medalha que se pendura no cordão.

1324. **Na ponta dos cascos**: em plena forma, jogando muito, tinindo, voando.

1325. **Nação**: é como as torcidas de alguns clubes muito populares se autodenominam megalomaniacamente.

1326. **Nacional**: campeonato brasileiro de futebol.

1327. **Nada a marcar**: veredito de um ex-árbitro sobre um lance duvidoso, durante a transmissão de uma partida de futebol pela televisão.

1328. **Não entendeu**: diz-se do jogador que não dá continuidade a uma jogada por não fazer a movimentação correta exigida pelo passador.

1329. **Não joga nada e quer massagem**: diz-se de quem se comporta com soberba nos vestiários sem ter futebol ou fama para isso.

1330. **Não jogou pedrinha**: expressão que se usa para denegrir a atuação e um jogador em uma partida.

1331. **Não pegou na bola**: diz-se do jogador que teve atuação apagada.

1332. **Não perde viagem**: diz-se do defensor que quando sai de sua área para marcar um atacante na intermediária ou rouba a bola ou faz a falta.

1333. **Não tem bola perdida**: diz-se do jogador que acredita em todas as jogadas, mesmo as bolas mais difíceis de serem alcançadas.

1334. **Não tem mais bobo no futebol**: expressão através da qual se constata que o futebol está nivelado e que

DICIONÁRIO DE FUTEBOLÊS

já não há times muito superiores a outros. Pode também ser uma desculpa para uma derrota inesperada de um time considerado grande para um time de menor expressão e investimento.

1335. **Não tem Mundial**: mantra repetido como provocação pelos adversários aos torcedores do Palmeiras, de São Paulo.

1336. **Não vem de garfo porque hoje é sopa"**: expressão zombeteira dos boleiros. É um conselho irônico aos mais afoitos, que por não se precaverem, acabam levando dribles desmoralizantes, como tomar a bola "entre as canetas".

1337. **Não viu a bola**: diz-se do jogador que teve atuação apagada.

1338. **Narrador**: o mesmo que locutor.

1339. **Nas costas**: bola lançada no espaço vazio atrás de um zagueiro.

1340. **Náutico**: tradicional clube de Pernambuco, cujas cores são o vermelho e o branco.

1341. **Nega tá lá dentro (A)**: Expressão cunhada por Waldyr Amaral que designava o gol, a "nega" significa a bola e "lá dentro" é o gol, obviamente.

1342. **Nelinho**: lateral-direito da Seleção Brasileira de 1978, célebre por seu potente chute.

1343. **Nem caçou chuteiras**: utiliza-se essa expressão para se referir a um jogador que esteja contundido e que, por isso, está impedido até de treinar.

1344. **Neoquímica Arena**: estádio do Corinthians.

163

1345. **Neuer**: goleiro da Seleção Alemã, campeã do Mundo no Brasil, em 2014.

1346. **Neymar**: craque revelado pelo Santos, de carreira recheada de belas jogadas, golaços e comportamento polêmico.

1347. **No ângulo**: é a bola que entra na junção da trave com o travessão, de um lado ou de outro da baliza.

1348. **No birro**: chute em que a bola sai do pé do jogador com enorme violência.

1349. **No cantinho**: bola bem chutada que entra rasteirinha encostada a uma das traves. Dificílima para os goleiros.

1350. **No fogo**: passe dado a um jogador de defesa que está cercado de adversários e, por isso, sob o risco de perder a bola numa zona próxima ao seu gol.

1351. **No meio do gol**: configura uma falha do goleiro porque é no meio do gol que o arqueiro costuma se colocar para as defesas. Equivaleria a dizer que um ladrão entrou pela porta da frente, onde deveriam estar os sentinelas.

1352. **No papel**: é a análise prévia e hipotética de um time, levando-se em conta apenas a sua escalação, escrita num papel, e não a sua performance real no campo de jogo.

1353. **No pau**: expressão dramática que significa o chute em que a bola bateu na trave

1354. **No tornozelo**: falta maldosa em que o adversário é acertado por trás ou pela lateral do jogador.

DICIONÁRIO DE FUTEBOLÊS

1355. **Nojo**: revela o modo como alguns jogadores parecem jogar em campo, ao bater na bola com desprezo e displicência; revela autoestima elevadíssima de quem comporta-se assim.

1356. **Nômade**: jogador que não para num clube por muito tempo e que está sempre trocando de time.

1357. **Nove**: atacante, centroavante, artilheiro.

1358. **Noventa e quatro**: A copa de 1994, disputada na EUA e vencida pelo Brasil.

1359. **Noventa minutos**: a partida de futebol, o tempo completo, sem acréscimos de um jogo.

1360. **Noventa**: A copa de 1990, disputada na Itália e vencida pela Alemanha.

1361. **Novorizontino**: clube da cidade de Novo Horizonte, no interior de São Paulo.

O

1362. **O Gol está amadurecendo**: expressão que indica que um time está dominando amplamente o adversário e na iminência de fazer um gol.

1363. **Ofensivismo**: expressão pejorativa para o que defendam times que só saibam atacar, sem se resguardar na defesa.

1364. **Off side**: posição de impedimento

1365. **Oitavas de final**: fase eliminatória de um torneio em que só restam 16 times dos que começaram a competição. Os oito jogos, definidos por sorteio ou por chaveamento prévio, decidem as oito equipes que avançarão à fase seguinte, que se chama Quartas de final.

1366. **Oitenta e dois**: A Copa do Mundo de 1982, disputada na Espanha, vencida pela Itália.

1367. **Oitenta e seis**: A Copa do Mundo de 1986, disputada no México, vencida pela Argentina.

1368. **Oito ou oitenta**: expressão que significa a adoção de uma tática suicida, na tentativa de inverter um placar adverso.

DICIONÁRIO DE FUTEBOLÊS

1369. **Olé**: troca de passes debochada e desmoralizante de um time que está à frente no placar, com a partida ganha.

1370. **Olha ele aí**: Bordão criado pelo narrador Jader Rocha, usado antes de anunciar o autor de um gol.

1371. **Olha lá, olha lá, olha lá**: Bordão criado pelo locutor de rádio Edson Mauro ao narrar um gol.

1372. **Olha o gol**: grito de advertência dos narradores ao perceberem uma jogada de muito perigo. A intenção é chamar a atenção do telespectador de volta para a TV.

1373. **Olha o que ele fez**: grito eternizado pelo narrador Galvão Bueno após grande jogada de Ronaldinho Gaúcho em sua estreia pela Seleção brasileira.

1374. **Olheiro**: pessoa encarregada de andar pelos campos de pelada, praias e clubes de menor expressão a buscar novos talentos para os grandes clubes. É uma espécie de pré-avaliador dos jovens que querem se tornar jogadores de futebol profissional.

1375. **Olho no lance**: Bordão criado pelo Locutor Silvio Luiz, gritado por ele antes do gol iminente.

1376. **Olímpico**: estádio do Grêmio de Futebol Porto-alegrense, o tricolor gaúcho.

1377. **Ombro a ombro**: disputa de bola em que dois jogadores emparelham e tentam deslocar um ao outro usando apenas o ombro. Essa operação é lídima e, portanto, aceita pela arbitragem.

1378. **Onze**: metonímia pela qual um time é também chamado. A equipe, o time.

167

1379. **Operário**: O Operário Ferroviário Esporte Clube de Ponta Grossa, no Paraná.

1380. **Operário**: o Operário Futebol Clube de Mato Grosso.

1381. **Operário**: o jogador que, sem ter a mesma habilidade de outros, se entrega em campo, trabalhando por dois ou três.

1382. **Oportunidade**: chance de gol.

1383. **Oportunidade**: chance de jogar uma partida, de mostrar o valor para o técnico e para a torcida.

1384. **Oportunismo**: qualidade esperada dos centroavantes, estar no lugar certo na hora certa para empurrar a bola para o gol.

1385. **Orçamento**: total de dinheiro que um clube tem para gerir o futebol durante um ano.

1386. **Orelha da bola**: equivale a pegar de raspão na bola, sem lhe dar a direção e a força pretendidas.

1387. **Organização**: disposição tática de um time.

1388. **Organizadas**: as torcidas profissionais dos grandes clubes brasileiros.

1389. **Oscilação**: alternância de atuações, boas e ruins, de um time, ao longo de um campeonato

1390. **Oscilar**: no futebol, significa jogar mal, perder, errar.

1391. **Over laping**: ultrapassar a marcação através de uma tabela em que um dos jogadores se projeta para ocupar um espaço vazio e receber lá a bola lançada premeditadamente por um companheiro.

P

1392. **Pacaembu**: o estádio Municipal de São Paulo, cujo nome oficial é Paulo Machado de Carvalho. Antes do Morumbi e do Itaquerão, era o palco dos grandes jogos do futebol paulista.

1393. **Pacotão**: assim se referem às transações que envolvem muitos jogadores contratados ou dispensados ao mesmo tempo.

1394. **Pai Santana**: lendário roupeiro e massagista do Vasco da Gama, famoso por suas mandingas e despachos, nem sempre exitosos.

1395. **Palestra**: O antigo nome do Esporte Clube Palmeiras. Reunião que o clube promove com psicólogos, ex-atletas e treinadores que falam aos jogadores para motivá-los antes das partidas ou torneios importantes.

1396. **Palmeiras**: A Sociedade Esportiva Palmeiras, tradicional clube de São Paulo.

1397. **Pane**: momento de desconcentração e de desorganização de um time dentro de uma partida em que, normalmente, configuram-se as derrotas acachapantes.

1398. **Panela**: grupo fechado de alguns jogadores dentro de um elenco.

1399. **Panelinhas**: grupinhos de jogadores dentro do elenco. Dividem-se os atletas por suas convicções ideológicas ou religiosas, por seus locais de origem, pelo tamanho do salário, os que vieram da base do clube e os que vieram de fora, etc.

1400. **Pantera**: apelido de Donizete, atacante campeão brasileiro pelo Botafogo em 1995.

1401. **Papagaio**: apelido do meio de campo da Seleção Brasileira na Copa do Mundo de 1970, Gérson, por ser um jogador que falava muito dentro de campo.

1402. **Papel**: apelido de Félix, goleiro tricampeão do Mundo com a Seleção Brasileira em 1970.

1403. **Para compor elenco**: o jogador que não é, em princípio, contratado para ser titular da equipe, mas para dar número ao grupo e opções ao treinador.

1404. **Parada técnica**: interrupção da partida para reidratação dos atletas, nos dias de muito calor, aproveitado pelos treinadores para passar instruções a seus jogadores.

1405. **Paradinha**: dissimulação feita pelos cobradores de pênalti para enganar os goleiros. Consiste em correr para a bola como se fosse chutá-la e parar surpreendentemente, na hora do chute, fazendo com que o goleiro se jogue para fazer a defesa, deixando o gol desguarnecido. É uma jogada proibida pela arbitragem.

1406. **Paraná**: tradicional clube de futebol do estado do Paraná.

DICIONÁRIO DE FUTEBOLÊS

1407. **Parar o jogo**: fazer faltas, retardar as cobranças e reposições com simulações diversas, encenações de contusões e outros subterfúgios.

1408. **Parcial**: resultado momentâneo das partidas de futebol informado pelas emissoras de rádio e de televisão no intervalo dos jogos.

1409. **Parcial**: contagem ainda não definitiva do público e da renda de uma partida de futebol.

1410. **Paredão**: assim se chamam os goleiros que, por sua técnica, arrojo, tamanho, envergadura e elasticidade, são quase intransponíveis.

1411. **Parque Antartica**: antigo estádio do Palmeiras.

1412. **Parque do Sabiá**: estádio de futebol no interior de Minas Gerais.

1413. **Parque dos Príncipes**: estádio principal do futebol francês.

1414. **Parque São Jorge**: antigo estádio do Corinthians.

1415. **Partida**: o jogo de futebol.

1416. **Partidaço(a)**: atuação magnífica de um time ou de um jogador ou jogo muito bom.

1417. **Passar**: dar um passe.

1418. **Passar**: driblar um adversário.

1419. **Passar lotado**: ir de encontro à bola e ser driblado inapelavelmente, passando do ponto onde a bola deveria estar.

1420. **Passar o rodo**: dar uma banda, derrubar o adversário com uma rasteira.

171

1421. **Passar raspando**: bola que passa muito próximo de uma das traves.

1422. **Passe**: entrega da bola a um companheiro, esteja ele perto (passe curto), ou longe (passe longo).

1423. **Pastor**: jogador que adota a religião evangélica e prega na concentração para os adeptos da mesma crença.

1424. **Patada Atômica (A)**: Apelido de Rivelino, meio de campo da Seleção Brasileira tricampeão em 1070 e das seleções que representaram o Brasil nas Copas do Mundo de 1974 e 1978, por seu poderosíssimo chute com a canhota.

1425. **Pau a pau**: jogo duro, muito disputado, em que o resultado é imprevisível.

1426. **Paulista**: o campeonato de futebol do Estado de São Paulo.

1427. **Paulistão**: o campeonato de futebol do Estado de São Paulo.

1428. **Paulistinha**: joelhada aplicada na coxa do adversário, em geral inadvertidamente.

1429. **Paulo Machado de Carvalho**: dirigente que comandou a delegação brasileira que foi à Copa do Mundo de 1958, na Suécia. Dá nome ao estádio do Pacaembu.

1430. **Paysandu**: Paysandu Sport Club, tradicional clube de Belém do Pará.

1431. **Pé alto**: jogada em geral interpretada pelos árbitros como faltosa por ser perigosa para o adversário.

1432. **Pé bom**: aquele com o qual o jogador chuta e carrega a bola com naturalidade.

1433. **Pé cego**: é o só serve como pé de apoio. É a canhota, para o destro, ou a destra para os canhotos. Em geral, o jogador não consegue dominar e chutar a bola com a mesma habilidade usando indistintamente os dois pés. João Saldanha dizia que a direita do Gérson era "só pra subir do ônibus".

1434. **Pé da trave**: junção da trave com o gramado, o chamado cantinho, embaixo.

1435. **Pé de anjo**: epíteto do jogador Marcelinho Carioca, exímio cobrador de faltas, que brilhou no Corinthians e na Seleção Brasileira no fim do século XX e início do século XXI.

1436. **Pé de apoio**: o pé que fica no chão enquanto o outro controla a bola.

1437. **Pé de chumbo**: jogador sem recursos, grosso, com pouca técnica e habilidade.

1438. **Pé de ferro**: dividida, jogada em que dois jogadores disputam a bola que fica espremida entre os pés dos dois adversários.

1439. **Pé de meia**: fundos que os jogadores almejam guardar, com o que ganham durante a carreira, para viver confortavelmente no futuro, depois de pendurar as chuteiras.

1440. **Pé invertido**: pé trocado, ou seja, carregar a bola com o pé direito, no lado esquerdo do campo, e vice-versa.

1441. **Pé murcho**: expressão que designa um jogador que chute fraco, que não tenha força nos pés.

1442. **Pé trocado**: diz-se de um canhoto que joga na direita ou de um destro que joga na esquerda.

1443. **Pedalada**: drible em que o jogador passa os dois pés alternadamente sobre a bola várias vezes enquanto avança em direção ao adversário que, em geral, fica sem saber exatamente o que o atacante fará.

1444. **Pedindo passagem**: diz-se do jogador que está rendendo muito nos treinos e que joga muito bem nas vezes em que é escalado para jogar, apesar de continuar na reserva.

1445. **Pedir música no Fantástico**: fazer três gols numa partida de futebol.

1446. **Pedrinha na chuteira**: metáfora utilizada para se referir a uma pessoa ou situação que cause incômodo ou desconforto num time.

1447. **Pega**: grito em que se invoca um companheiro à marcação mais forte sobre um adversário.

1448. **Pegada**: característica de um time ou de um jogador. Equivale mais ou menos a marcação, entrega, empenho, atitude.

1449. **Pegador de pênalti**: goleiro exímio na defesa de penalidades máximas.

1450. **Pegar bem na bola**: pegar bem na bola significa acertar em cheio, com força e direção.

1451. **Pegar cancha** : ganhar experiência, rodagem, malandragem.

1452. **Pegar de primeira**: emendar a bola do jeito que ela chega.

DICIONÁRIO DE FUTEBOLÊS

1453. **Pegar mal na bola**: chutar errado, sem força ou sem direção, pegar de raspão ou as duas coisas ao mesmo tempo.

1454. **Pegar muito**: diz-se do goleiro que agarra bem, que faz grandes defesas durante as partidas.

1455. **Pegar na orelha da bola**: chutar mal, sem direção, sem acertar em cheio na bola.

1456. **Pegar na veia**: acertar a bola com o peito do pé com toda força.

1457. **Pegar no susto**: defesa do goleiro de puro reflexo, em que o gesto da defesa é mais para se defender do impacto da bola, por instinto.

1458. **Pegar**: marcar

1459. **Peito de Aço**: apelido de Dario, o Dadá Maravilha, centroavante de jeito desengonçado, mas eficiente, que foi reserva na Seleção Brasileira tricampeã do Mundo em 1970.

1460. **Peito do pé**: a melhor região para atingir a bola, que propicia o chute mais violento e bem direcionado.

1461. **Peixe**: jogador protegido de alguém ou que pertence a alguma panela ou grupinho dentro de um elenco.

1462. **Peixe**: mascote do Santos

1463. **Pelada**: jogo amistoso, que não vale pontos, e que é disputada por isso, com desprendimento pelos jogadores. Pode ser uma crítica a um jogo ruim.

1464. **Peladeiro**: jogador que, apesar de demonstrar talento, não consegue render o que se espera dele por não conhecer os rudimentos (regras, tática, posicionamento) do futebol.

1465. **Pelas beiradas**: jogar pelas laterais, em jogadas agudas, pelos flancos.

1466. **Pelas pontas**: pelas beiradas.

1467. **Pele**: identificação com um clube e com sua camisa.

1468. **Pelé**: o maior jogador de futebol de todos os tempos.

1469. **Pelé**: o nome do melhor jogador de futebol de todos os tempos virou elogio e designa os craques. "Fulano é o Pelé daquele time" "Ele não é um Pelé, mas tem jogado bem."

1470. **Pelo amor dos meus filhinhos**: bordão criado pelo narrador Vítor Luís com que ele expressava o seu desapontamento com a conclusão errada de uma jogada.

1471. **Penalidade máxima**: o pênalti.

1472. **Pênalti**: falta que é cometida pela defesa dentro de sua própria área. A cobrança é feita de uma marca que fica a onze metros do centro do gol, entre a área pequena e a grande área, por um jogador do time que atacava.

1473. **Pênalti é tão importante que deveria ser batido pelo presidente do clube**: aforismo do futebol que destaca a importância da penalidade máxima.

1474. **Pênalti não é coisa que se perca**: máxima do futebol que se repete aos que perdem pênaltis.

1475. **Peñarol**: tradicional clube uruguaio.

1476. **Pendurado**: jogador a um cartão amarelo se receber uma suspensão pelo acúmulo de advertências ou que, numa partida, recebeu cartão amarelo e pode, caso cometa outra falta grave, ser expulso pelo árbitro.

DICIONÁRIO DE FUTEBOLÊS

1477. **Pendurar as chuteiras**: encerrar a carreira, parar de jogar futebol profissionalmente, deixar os gramados.

1478. **Peneira**: teste de seleção em que são descobertos os futuros talentos do futebol. Garotos de todos os cantos se inscrevem nas peneiras organizadas pelos grandes clubes, à espera de uma chance de mostrarem o que sabem fazer com a bola. Em geral, as chances são poucas e, por isso, os meninos dão tudo nesses testes. Há casos de grandes jogadores de futebol que foram reprovados em diversas peneiras antes de conseguirem aprovação para treinar nas categorias de base de um clube.

1479. **Pensar o jogo**: diz-se do jogador que faz sua equipe jogar com inteligência. É ele o encarregado de descobrir espaços vazios, e de fazer o jogo fluir com passes e dribles que abram a defesa adversária.

1480. **Pentear a bola**: arrumar a bola para o arremate, ajeitá-la com carinho para chutar a gol.

1481. **Pepe**: ponta-esquerda do lendário time do Santos em que pontificava Pelé, o Rei do Futebol

1482. **Pequena área**: se a área é a parte mais dramática a pequena área é tensão pura. Sua demarcação serve, entre outras coisas, para situar espacialmente o goleiro, os defensores e os atacantes, que se guiam por ela para chutar a gol.

1483. **Perder o tempo da bola**: errar o domínio da bola, deixá-la passar pelo lado ou por cima do seu corpo.

1484. **Perdido por um, perdido por mil**: expressão que indica desespero diante de uma derrota iminente.

1485. **Pereba**: o pior jogador em campo, o que tem menos recursos técnicos.

1486. **Peri da Pituba**: apelido de Perivaldo, folclórico jogador do Botafogo do Rio.

1487. **Perigo de gol**: jogada de ataque que quase resulta em gol.

1488. **Perigo de gol**: é uma expressão irônica que expressa dúvida em relação às boas intenções de um árbitro. É usada quando um juiz de futebol, sem razão aparente, paralisa o jogo ou marca uma falta de ataque inexistente quando um time estava prestes a marcar um gol. Essa marcação, segundo os torcedores desse time, deixa claro que o trio de arbitragem está tentando favorecer o time que se defendia na jogada.

1489. **Periodização tática**: metodologia de treinos que simula a movimentação dos jogadores de um setor do time.

1490. **Perna de pau**: caneleiro, ruim de bola, sem habilidade.

1491. **Perna pesada**: diz-se do jogador que vem de um período sem jogar.

1492. **Perna presa**: diz-se do jogador que ficou muito tempo parado e que não está no mesmo nível físico e técnico dos demais.

1493. **Peru**: o mesmo que frango, falha clamorosa do goleiro, em geral deixando a bola passar por entre as pernas.

1494. **Peru é que morre de véspera**: expressão bradada pelos treinadores de equipes mais fracas às vésperas de uma partida contra um adversário bem mais forte, como forma de motivar seus jogadores e a torcida

DICIONÁRIO DE FUTEBOLÊS

de seu time. Combina-se com outra expressão, que tem a mesma intenção, que é "(No futebol) são onze contra onze".

1495. **Peso da camisa**: quem é aficionado por futebol sabe que algumas camisas de clubes pesam mais do que outras. Isso quer dizer que jogar em determinados times é mais difícil que em outros porque a responsabilidade e a pressão são maiores. O fenômeno pode ser constatado quando um jogador proveniente de um clube de menor expressão se transfere para um dos chamados clubes grandes e não rende o mesmo que rendia em sua equipe de origem. Quando, no entanto, um jogador se adapta rapidamente ao novo clube, diz-se que ele não sentiu o peso da camisa.

1496. **Piaza**: quarto-zagueiro da lendária seleção de 1970, tricampeã de futebol na Copa do México.

1497. **Picolé de osso**: a cotovelada.

1498. **Pimba na gorduchinha**: famosa frase do narrador esportivo Osmar Santos que assim denominava o chute.

1499. **Pingo de Ouro**: Orlando, grande jogador do Fluminense do Rio nas décadas de 1940 e 1950.

1500. **Pintura**: Gol de grande beleza plástica. Golaço

1501. **Pipoqueiro**: jogador que foge das divididas, que tira o pé nas jogadas mais ríspidas.

1502. **Pisar na bola**: dependendo da situação, pode ser um gesto louvável ou digno de chacota. Se um jogador pisa na bola inadvertidamente, ao conduzi-la, é feio e perigoso, pois o erro pode levá-lo ao chão inapelavelmente. É uma situação que indica falta de técnica e de qualidade do atleta. Essa expressão já saiu dos estádios e virou gíria na fala corrente em muitos lugares do Brasil e quer dizer que alguém agiu mal, comportou-se de forma inadequada, errou feio no trabalho, num relacionamento, numa ocasião social qualquer. Há momentos em que pisar na bola denota experiência, porque significa que o jogador tem o controle total sobre a pelota e deseja com isso, esfriar o jogo, parar a partida sem que o cronômetro pare também.

1503. **Pivô**: posição em que um jogador escora os adversários e amortece a bola para que um companheiro que venha de trás conclua a jogada.

1504. **Pixotada**: canelada, jogada mal feita, barbeiragem, erro grosseiro.

1505. **Placar apertado**: é aquele em que um time vence por um gol de diferença.

1506. **Placar elástico**: goleada, placar em que um time vence a partida por uma diferença grande de gols.

1507. **Placar em branco**: zero a zero.

1508. **Placar fechado**: zero a zero. Quer dizer que ninguém ainda abriu o placar, ou seja, fez o primeiro gol da partida.

1509. **Placar**: é o painel que mostra o tempo decorrido de jogo e o resultado parcial ou definitivo de uma partida.

1510. **Placar**: resultado parcial ou final de um jogo de futebol.

1511. **Placar mínimo**: um a zero.

DICIONÁRIO DE FUTEBOLÊS

1512. **Planeta bola**: o mundo do futebol, o âmbito geopolítico em que o futebol predomina.

1513. **Pó de arroz**: denominação dos torcedores do Fluminense Football Club do Rio de Janeiro.

1514. **Pode isso, Arnaldo?**: bordão do narrador Galvão Bueno que, com ele, questiona a performance e as marcações dos árbitros de futebol.

1515. **Polivalente**: jogador que atua em mais de uma posição do time.

1516. **Pombo sem asas**: chute violentíssimo que faz com que a bola viaje até o gol descrevendo uma trajetória sinuosa.

1517. **Ponta**: jogador de ataque atua exclusivamente do lado do campo. Sua função é tentar levar a bola até a linha de fundo para cruzá-la de lá para a área. Um cruzamento da linha de fundo é considerado das jogadas mais perigosas para uma defesa porque, se for bem executado, a bola encontra os atacantes de frente para o gol, prontos para a conclusão. O maior jogador desta posição foi Garrincha, craque bicampeão do Mundo em 1958 e 1962 pela seleção brasileira e ídolo do Botafogo de Futebol e Regatas.

1518. **Ponte**: defesa em que o goleiro salta para alcançar a bola e seu corpo, torcido no ar, lembra o formato de uma ponte.

1519. **Ponte Preta**: Associação Atlética Ponte Preta, tradicional clube da cidade de Campinas.

1520. **Ponteiro**: atacante de lado

181

1521. **Pontinha**: jogador baixinho que atua pelas pontas, em geral muito rápido e arisco. São exemplos de pontinhas: Vicentinho (Flamengo), Mauricinho (Vasco), Paulinho (Fluminense) e João Paulo (Santos).

1522. **Ponto**: é o que se disputa numa partida, os pontos que ela vale. A vitória vale três pontos, o empate vale um ponto e a derrota, obviamente, não vale nada.

1523. **Ponto futuro**: lugar ao qual um jogador deve chegar para receber uma bola que será lançada por um companheiro.

1524. **Pontos corridos**: soma dos pontos conquistados por um time num campeonato. Caracteriza os campeonatos.

1525. **Pontos ganhos**: é o resultado dos empates e das vitórias de um time num campeonato.

1526. **Pontos perdidos**: é o resultado das derrotas e dos empates de um time ao longo do campeonato.

1527. **Por baixo das pernas**: drible desmoralizante. Caneta

1528. **Por dentro**: jogar mais pelo centro do gramado, no corredor central

1529. **Pôr na roda**: tocar a bola sem deixar o adversário recuperá-la.

1530. **Por pressão**: marcação muito agressiva que uma equipe exerce sobre outra quando quer ou precisa retomar a bola rapidamente. Por ser muito desgastante, não se pode marcar por pressão durante toda a partida; por isso, os técnicos usam esse tipo de estratégia defensiva em situações extremas - nos primeiros minutos do jogo, pelas equipes que atuam em casa, para levar o adversário ao erro, e retomar

DICIONÁRIO DE FUTEBOLÊS

a bola mais rapidamente, ou nos minutos finais por uma equipe que está perdendo e não quer permitir que o time adversário gaste o tempo com a bola.

1531. **Pôr pressão**: pressionar o time adversário, sufocando-o na saída de bola.

1532. **Por zona**: é a marcação em que cada jogador é responsável por um quadrante do campo. O adversário que entre na sua área de atuação é que deve ser combatido.

1533. **Porco**: denominação e identificação do time da Sociedade Esportiva Palmeiras.

1534. **Portenhos**: argentinos.

1535. **Posição legal**: diz-se do jogador que está em condições de fazer um gol, apesar da suspeita inicial de que estivesse impedido.

1536. **Posse de bola**: domínio da bola por um time. Os comentaristas costumam marcar o tempo que cada equipe fica com a bola numa partida, ainda que, na prática, isso não valha muita coisa porque, como se sabe, futebol é bola na rede.

1537. **Possesso**: apelido de Amarildo, centroavante do Botafogo de Futebol e Regatas, que substituiu à altura Pelé, no bicampeonato do Mundo com a Seleção Brasileira em 1962.

1538. **Poste**: pode significar uma das traves verticais ou um jogador grande que fique parado em campo, quase sem participar das jogadas.

1539. **Poupado**: diz-se do jogador que não está nas melhores condições físicas e, por isso, fica fora de um jogo, não é escalado para uma partida.

183

1540. **Poupar**: deixar de escalar um jogador para que ele não se machuque, reservando-o para uma partida mais importante no futuro.

1541. **Pragmatismo**: característica dos times que baseiam seu jogo no resultado apenas.

1542. **Prancheta**: é usada por alguns treinadores, os mais antigos ou tradicionais, para fazer anotações sobre jogadores e esquemas táticos.

1543. **Pregado**: diz-se do jogador que está tão cansado que não consegue mais se movimentar no gramado, como se estivesse preso ao chão.

1544. **Pregar**: cansar, esgotar-se.

1545. **Prejuízo**: perder, tomar um gol, levar a pior numa dividida.

1546. **Preleção**: é a reunião entre o treinador e os jogadores antes na véspera das partidas. Tem caráter motivacional mais do instrucional, mas nela se definem a tática e o time que entrará em campo e se definem algumas situações de jogo. Equivale à homilia no futebol. É o momento, na concentração, em que o técnico fala aos jogadores, para definir procedimentos táticos e estratégicos. Além disso, é uma palavra de exortação aos jogadores, pedindo-lhes empenho, dedicação. Não são raras as vezes em que fatos ocorridos no time adversário são utilizados como forma de incentivar os atletas à vitória.

1547. **Preliminar**: jogo que, antigamente, antecedia a partida principal da tarde ou da noite.

1548. **Premiação**: valor em dinheiro dado aos jogadores em caso de vitória numa partida. Bicho.

DICIONÁRIO DE FUTEBOLÊS

1549. **Premier League**: o campeonato inglês de futebol

1550. **Premiere**: canal pago de transmissões de jogos.

1551. **Prender a bola**: Usar de todas as artimanhas para não deixar o jogo fluir e a bola correr. Simular contusões e pedir atendimento médico. Retardar as cobranças de faltas, laterais e tiros de meta. Impedir a cobrança rápida dessas mesmas infrações por parte do adversário, colocando-se em relação à bola a uma distância menor do que a regulamentar, etc.

1552. **Presepada**: firula desnecessária, apelativa, brincadeira que pode ter consequências desagradáveis.

1553. **Presepeiro**: jogador que adora jogada de efeito, uma papagaiada, uma firula, uma presepada.

1554. **Pressão**: marcação alta, impedindo a defesa adversária de sair jogando.

1555. **Pressão**: sentimento de que se dizem vítimas os jogadores das grandes equipes brasileiras por causa do assédio constante da imprensa e dos torcedores que cobram sempre bons resultados e bom comportamento fora de campo.

1556. **Pressionar**: marcar a saída de bola do adversário.

1557. **Prestigiado**: Diz-se do técnico que está prestes a ser demitido.

1558. **Primeira divisão**: é a divisão considerada da elite do futebol brasileiro.

1559. **Primeira página**: os dez primeiros colocados no campeonato brasileiro de futebol, disputado normalmente por vinte clubes.

1560. **Primeira parte**: o primeiro tempo em Portugal.

1561. **Primeiro passe**: o passe que inicia a jogada.

1562. **Primeiro pau**: a trave mais próxima do corner de onde se cobra um escanteio.

1563. **Primeiro tempo**: primeira parte da partida, com quarenta e cinco minutos de duração mais os acréscimos que o árbitro dê para compensar paralisações e atrasos.

1564. **Primeirona**: A primeira divisão.

1565. **Príncipe Danilo**: Danilo Alvim, meio de campo do Vasco da Gama.

1566. **Príncipe Etíope**: apelido de Didi, o inventor da folha seca, bicampeão do Mundo com a Seleção Brasileira em 1958 e 1962.

1567. **Problema que todo técnico gostaria de ter**: diz-se do treinador que conta com várias opções no elenco para escolher os onze titulares.

1568. **Professor**: o técnico, o treinador.

1569. **Professor Pardal**: é como os comentaristas e torcedores chamam o treinador que gosta de "inventar" soluções mirabolantes na escalação do time ou no planejamento tático da equipe.

1570. **Profundidade**: característica do passe ou da jogada que visa à chegada à linha de fundo; sinônimo de verticalidade

1571. **Prolongamento**: a prorrogação (VER em Portugal.

1572. **Promessa**: jogador da base que antes de chegar ao time profissional já dá indícios de que se transformará num craque.

DICIONÁRIO DE FUTEBOLÊS

1573. **Propor o jogo**: dominar a partida, dispor os jogadores em campo de forma que as ações sejam comandadas pelo time que domina territorialmente o jogo.

1574. **Prorrogação**: tempo que é acrescentado a uma partida decisiva que tenha terminado empatada. Tem trinta minutos de duração, divididos em dois mini-tempos de quinze.

1575. **Proteção**: ação de proteger a área defensiva; normalmente essa tarefa cabe aos volantes.

1576. **Proteger**: impedir com o corpo que o adversário toque na bola. Os atacantes protegem a bola para deixá-la à feição para o arremate. Os zagueiros protegem a bola da investida dos atacantes, deixando-a sair pela linha de fundo para ganhar o tiro de meta, por exemplo.

1577. **Proteger a casinha**: guarnecer a área e, consequentemente, o gol.

1578. **Protocolo FIFA**: procedimento estabelecido pela entidade máxima do futebol, a FIFA, para a entrada dos times no gramado.

1579. **Psicológico**: fator hoje muito considerado pelos treinadores e comentaristas na formação de um time e na análise dos jogos.

1580. **Público**: é a assistência da partida. É composto de público presente, que é o número total de pessoas no estádio e de público pagante, aqueles que efetivamente compraram ingressos para ver a partida. Essa diferença se dá porque os jogos de futebol sempre atraem convidados e portadores de gratuidades

187

(idosos, crianças, convidados, imprensa, policiais, bombeiros, escoteiros, etc).

1581. **Pulmão**: jogador que corre muito, que tem fôlego e resistência acima da média.

Q

1582. **Quadrado mágico**: o quarteto formado por Kaká, Ronaldo, Ronaldinho Gaúcho e Robinho, na Copa de 2006, na Alemanha.

1583. **Quadrado**: formação tática do meio-de-campo em que o posicionamento dos jogadores lembra essa figura geométrica.

1584. **Quartas de final**: fase anterior a que chegam os oito melhores times de um torneio. Antecede a semifinal.

1585. **Quarto árbitro**: o árbitro reserva. A ele cabe vistoriar as substituições e o comportamento dos técnicos à beira do gramado.

1586. **Quase**: interjeição que indica uma jogada que por pouco não redundou em gol.

1587. **Quatro linhas**: o campo, o gramado.

1588. **Quatro, três, três**: armação tática em que o time se ajuste com quatro defensores, três meio-campistas e três atacantes.

1589. **Que fase**: expressão proferida pelo narrador Milton Leite quando um jogador tenta fazer algo e o resultado de sua ação é uma Pixotada.

1590. **Quebrada**: chute pra longe dado pro um zagueiro para afastar o perigo iminente.

1591. **Quebrar as linhas**: ultrapassar a marcação do adversário com movimentação, passes ou dribles.

1592. **Queijo suíço**: usa-se essa expressão para denominar as defesas que têm muitos buracos, ou seja, está mal armada e é, por isso, facilmente vencida pelos ataques adversários.

1593. **Queixada**: apelido de Ademir Menezes, centroavante da Seleção Brasileira em 1950.

1594. **Quem não faz leva**: máxima do futebol, que é usada por comentaristas e torcedores como um alerta a um time que esteja atacando demais, perdendo um gol atrás do outro, sem transformar a sua superioridade técnica em gols. Não foram poucas as vezes em que o time que mais atacou e perdeu gols acabou perdendo a partida por um a zero, surpreendido num contra-ataque mortal.

1595. **Quem pede recebe**: quem se desloca tem preferência: máxima do futebol que deixa claras duas coisas: é importante que os jogadores sejam participativos, proativos, ou seja, que não se escondam durante os jogos (e pedir a bola é uma forma de se mostrar presente e demonstrar iniciativa) e que se movimentem sempre pelo gramado para dificultar a marcação do adversário e facilitar o passe de quem está com a bola.

1596. **Quero-quero**: ave que faz dos campos de futebol seu habitat e que convive, nem sempre de forma amistosa, com os jogadores e a bola de futebol durante as partidas.

1597. **Quicar**: ação do goleiro, ao bater a bola no chão algumas vezes antes de chutá-la pra frente.

1598. **Quiñones**: zagueiro equatoriano do Vaco da Gama.

1599. **Quinze de Novembro**: o Esporte Clube XV de Novembro de Piracicaba.

1600. **Quinze por cento**: o percentual recebido pelos jogadores e por seus representantes numa transação.

1601. **Quique**: o ato de quicar a bola.

R

1602. **R10**: apelido marqueteiro de Ronaldinho Gaúcho.

1603. **R9**: Ronaldo, o Fenômeno.

1604. **Raça**: é a vontade de ganhar, a fome de bola, a entrega e a determinação que os jogadores comumente demonstram durante os jogos. Não pode faltar a nenhum atleta. A torcida alivia até o perna-de-pau que sua a camisa em campo, mas não perdoa o jogador habilidoso que não demonstra vontade e é por isso, acusado de não ter raça.

1605. **Rachão**: pelada disputada pelos jogadores em um campo reduzido às vésperas de uma partida oficial. Nessas partidas, muitas vezes, há apostas entre os atletas e, por isso, não são todos os treinadores e dirigentes que permitem a sua realização indiscriminada.

1606. **Raposa**: é o símbolo do Cruzeiro Esporte Clube de Minas Gerais. Usa-se esse termo, também, para designar o técnico ardiloso e que arma times que surpreendem seus adversários com suas estratégias de jogo.

1607. **Raspando a trave**: bola que passa rente a uma das traves.

DICIONÁRIO DE FUTEBOLÊS

1608. **Rasteira**: bola que rola na grama, passe ou chute pelo chão.

1609. **Rasteira**: banda, golpe da capoeira muitas vezes utilizado no futebol para derrubar um adversário.

1610. **Rasteirinha**: o mesmo que rasteira.

1611. **Rayo Valecano**: tradicional clube espanhol.

1612. **RB Brasil**: O Bragantino.

1613. **Real Betis**: tradicional clube espanhol.

1614. **Real Madrid**: clube espanhol, o maior vencedor de Champions League.

1615. **Rebaixado**: tome que caiu para uma divisão inferior.

1616. **Rebaixamento**: queda para uma divisão inferior à que a equipe estava. Significa desonra para o time e motivo de enorme tristeza para os seus torcedores.

1617. **Rebaixar**: condenar um time à queda de divisão.

1618. **Rebater**: devolver, o beque, de primeira uma bola lançada sobre a sua área, afastando dali momentaneamente o perigo.

1619. **Rebote**: bola que é largada pelo goleiro na área, após um chute ou cabeçada. Os atacantes adoram os rebotes para se aproveitarem deles para marcar gols.

1620. **Recomposição**: volta agrupada de um time que estava no ataque para a sua linha de defesa. Quanto mais rápida for a recomposição, menores as chances de esse time sofrer um contra-ataque.

1621. **Recreação**: parte do treino em que os jogadores se movimentam sem compromisso no gramado. Em geral, os atletas fazem um rachão, ou uma pelada.

1622. **Recreativo**: o mesmo que recreação.

1623. **Recuperação**: consiste na retomada da bola, por um zagueiro, depois de já ter sido driblado na jogada.

1624. **Recuperação pós-perda**: movimento de reorganização de um setor do time para imediatamente, após perder a bola, buscar retomá-la

1625. **Rede**: é a estrutura formada com grossos fios de nylon que se ajusta às traves e ao travessão de modo que a bola que passe pelos limites do gol pare nela. É uma forma de fazer com que todos no estádio constatem que foi gol. O Locutor Valdir Amaral perpetuou a expressão "Tem peixe na rede" quando um gol era marcado. Filo, barbante.

1626. **Reds**: os torcedores e jogadores do Manchester United

1627. **Reforço**: jogador recém-contratado que pode com sua chegada melhorar o rendimento da equipe. Quando um time vai mal, é comum os torcedores pedirem três coisas: a queda do técnico, raça e reforços!

1628. **Refrescar**: aliviar a pressão, dar um descanso, diminuir o ritmo e a intensidade da partida.

1629. **Regionais**: campeonatos que envolvem times de uma mesma região que não leva em conta as divisões geopolíticas tradicionais. Há, por exemplo, torneio Sul-Minas, Torneio Rio-Saulo, etc.

1630. **Regra é clara (A)**: frase com que se tenta fazer crer que as regras do futebol são claras e facilmente compreensíveis para qualquer um, o que a prática desmente.

DICIONÁRIO DE FUTEBOLÊS

1631. **Regra três**: é a regra do futebol que se refere aos jogadores suplentes, que ficam no banco, os tais reservas.

1632. **Rei de Roma**: apelido de Falcão, meio de campo da Seleção Brasileira em 1982.

1633. **Rei do Futebol**: Pelé.

1634. **Rei Pelé**: Como se referiam ao atacante do Santos e da Seleção Brasileira jornalistas e admiradores do craque, considerado o maior jogador de futebol de todos os tempos.

1635. **Relógio marca (O)**: frase com a qual o locutor Waldir Amaral informava o tempo decorrido de jogo.

1636. **Relvado**: o gramado, o campo de jogo.

1637. **Remo**: O tradicional clube paraense Clube do Remo, de Belém.

1638. **Renato Gaúcho**: folclórico jogador do Grêmio, pelo qual foi campeão do mundo 1985, do Flamengo e do Fluminense do Rio, pelo qual ficou célebre por fazer um gol de barriga no Fla-Flu que decidia o campeonato carioca de 1985.

1639. **Renovação**: ato de incluir jogadores mais jovens num elenco.

1640. **Renovação**: extensão de contrato de jogador de futebol com o clube.

1641. **Reorganização**: é o mesmo que recomposição.

1642. **Repescagem**: fase em que os times de baixa pontuação na fase classificatória de um torneio podem alcançar, em confrontos diretos, a fase decisiva.

195

1643. **Replay**: reapresentação em vídeo de uma jogada, de um gol, de uma defesa.

1644. **Repórter**: jornalista que cobre os grandes clubes e os jogos de futebol. Em geral, atua nos gramados e nos bastidores da partida, entrevistando jogadores, técnicos e dirigentes. Informa previamente as escalações das equipes, o trio de arbitragem e antecipa as substituições que os treinadores se preparam para fazer, além de comentar os lances, acrescentando detalhes sobre eles, porque os vê de perto, à beira do campo.

1645. **Reposição**: cobrança de lateral ou de tiro de meta.

1646. **Resenha**: conversa de comentaristas sobre uma partida recém-terminada. Os jogadores também fazem resenhas entre eles, na concentração ou nos vestiários.

1647. **Reserva**: jogador que fica no banco, suplente.

1648. **Reserva de luxo**: jogador de qualidade que momentaneamente está no banco.

1649. **Respeitar o adversário**: Jogar sem se expor demais, guardando os devidos cuidados defensivos.

1650. **Ressacada**: estádio do Avaí Futebol Clube, de Florianópolis.

1651. **Resultado Parcial**: placar de momento.

1652. **Retardar**: atrasar o retorno ao campo ou o reinício de uma partida.

1653. **Retranca**: sistema de jogo em que um time nitidamente só pensa em se defender. A utilização desse sistema caracteriza os técnicos que são chamados de retranqueiros.

1654. **Retranqueiro**: diz-se do técnico que arma equipes que só jogam na defesa.

1655. **Retrospecto**: histórico das partidas entre dois adversários, ou do desempenho de um jogador ao longo de uma temporada.

1656. **Returno**: é o segundo turno, ou fase, de um campeonato por pontos corridos, em que as equipes que disputam o certame voltam a se enfrentar com o mando de campo invertido.

1657. **Revelação**: jogador oriundo da base que chega ao profissional e se firma no time titular.

1658. **Reversão**: é uma penalidade aplicada pelo juiz a um jogador que cobra erradamente um lateral ou se demora muito a fazê-lo.

1659. **Revezar**: alternar jogadores numa partida, em geral para preservar a integridade física dos atletas.

1660. **Rifou a bola**: livrou-se da bola, chutou-a para longe sem consciência do ato.

1661. **Riquelme**: craque do Boca Júnior e da Seleção Argentina na Copa do Mundo de 2006 e a Olimpíada de 2008, da qual foi campeão.

1662. **Ritmo de jogo**: intensidade, performance. Os jogadores que ficam afastados muito tempo dos gramados e dos jogos oficiais sentem a falta de ritmo de jogo, porque o jogo tem uma intensidade maior do que os treinos e as partidas amistosas.

1663. **Rival**: adversário contumaz, pelo qual os torcedores nutrem ódio mortal.

1664. **Rivaldo**: craque da Seleção Brasileira em 1998 e 2002, da qual foi campeão e destaque.

1665. **Rivelino**: o Garoto do Parque, craque da Seleção Brasileira nas Copas de 1970, no México, 1974, na Alemanha, e de 1978, na Argentina. Era conhecido como a Patada Atômica.

1666. **River Plate**: o Club Atletico River Plate, de Buenos Aires.

1667. **River**: tradicional clube do Piauí.

1668. **Rodada dupla**: dois jogos na mesma tarde ou na mesma noite. A primeira partida se chama preliminar e a segunda, principal ou jogo de fundo.

1669. **Rodada**: conjunto de jogos em que todos os times participantes do campeonato atuam.

1670. **Roer o osso**: essa expressão diz respeito aos momentos ruins da preparação de um time. O contraponto é Comer o filé, ou seja, colher os frutos da fase ruim, de dificuldades pela qual muitos times têm de passar antes das grandes conquistas.

1671. **Rola o coco**: expressão pejorativa que é usada em relação a um jogo que esteja sendo mal jogado, com jogadas ruins, difícil de assistir, duro de ver.

1672. **Rolinho**: é um drible desmoralizante, originário do FUTSAL, em que um jogador para a bola repentinamente, pisa nela e espera que o adversário se aproxime na corrida quando, surpreendentemente, rola a bola por baixo das pernas dele.

1673. **Rolo compressor**: time muito bom e ofensivo que passa por cima dos adversários sem dificuldades.

DICIONÁRIO DE FUTEBOLÊS

1674. **Romário**: craque da Seleção brasileira na Copa do Mundo de 1994, nos EUA. Era conhecido como o Baixinho.

1675. **Ronaldinho Gaúcho**: craque da Seleção brasileira na Copa do Mundo de 2002, no Japão e na Coeria.

1676. **Ronaldo**: craque da Seleção brasileira na Copa do Mundo de 1998, na França, e de 2002, no Japão e na Coeria. Era conhecido como o Fenômeno.

1677. **Roubada**: ato de tirar de modo sutil a bola do adversário.

1678. **Roubar a bola**: tomar a pelota do adversário em geral sem que ele perceba a aproximação do defensor.

1679. **Rua Javari**: localização do estádio do Juventus, clube pequeno de São Paulo conhecido como "Moleque Travesso"

1680. **Rubro-negro**: times cuja camisa tem as cores preto e vermelho. Há vários clubes rubro-negros espalhados pelo país, como o Vitória da Bahia, o Sport de Recife, o Atlético Paranaense e os diversos clubes brasileiros que se chamam Flamengo, cujo mais conhecido é o do Rio de Janeiro.

S

1681. **Saci**: o símbolo do Colorado, o Internacional de Porto Alegre.

1682. **Saco de pancada**: time que só perde.

1683. **Sacode**: massacre

1684. **SAF**: Sociedade Anônima do Futebol.

1685. **Sai**: grito em geral dado pelo goleiro para que sua defesa saia da área e deixe os atacantes adversários em impedimento.

1686. **Saída**: início do jogo.

1687. **Saída de bola**: ato de levar a bola da defesa ao ataque.

1688. **Sair a bola**: dar o pontapé inicial numa partida.

1689. **Sair atrás no placar**: levar o primeiro gol da partida, sofrer um a zero.

1690. **Sair de campo**: ser substituído.

1691. **Sair do banco**: entrar na partida em substituição a um titular machucado, cansado ou que esteja atuando mal.

1692. **Sair jogando**: levar a bola da defesa ao ataque em trocas de passes, passando-a por todos os setores do campo.

DICIONÁRIO DE FUTEBOLÊS

1693. **Sair jogando**: ser escalado como titular.

1694. **Sala de imprensa**: local em que jogadores, técnicos e dirigentes dão entrevistas.

1695. **Salário na carteira**: é o valor que o jogador recebe oficialmente, como pessoa física. A outra parte dos seus vencimentos, mais robusta, ele recebe como pessoa jurídica e inclui os direitos de imagem e a participação em outras atividades do clube.

1696. **Saldanha**: figura importantíssima do futebol, brasileiro. Foi jogador, técnico, inclusive da Seleção Brasileira, dirigente e jornalista esportivo. É considerado por muitos o maior comentarista esportivo de todos os tempos.

1697. **Saldo de gols**: é diferença entre os gols marcados e os gols sofridos por uma equipe no campeonato. É um critério de desempate nos campeonatos por pontos corridos.

1698. **Sangue**: é o grito de incentivo dos torcedores do América Futebol Clube, por causa do vermelho de sua camisa.

1699. **Sangue**: sinônimo de raça e de entrega de um jogador e de um time. Diz-se sem sangue do jogador que não demonstra interesse ou que não vibra com as jogadas e parece não se importar com o resultado do jogo.

1700. **SanSão**: clássico paulista entre o Santos Futebol Clube e o São Paulo Futebol Clube.

1701. **Santa Cruz**: O Santa Cruz Futebol Clube, de Pernambuco, conhecido como Cobra Coral.

1702. **Santinha**: é como carinhosamente chamam seu time os torcedores do Santa Cruz de Recife.

201

1703. **Santos**: O Santos Futebol Clube, o time que revelou para o mundo o Rei Pelé

1704. **São onze contra onze**: expressão, repetida como um mantra no meio, que visa motivar os jogadores de um time reconhecidamente fraco que está prestes a enfrentar uma equipe bem melhor e, que tem também por objetivo convencer os torcedores e telespectadores de que tudo é possível no futebol, até mesmo uma equipe ruim vencer uma bem mais forte e preparada.

1705. **São Paulo**: tradicional clube da capital paulista.

1706. **Sapato alto**: diz-se que um time ou jogador está de "sapato alto" quando entra em campo cheio de si, autoconfiante em excesso e que, por isso, acaba sendo surpreendido por um adversário inferior tecnicamente.

1707. **Sarrafo**: falta feia, desqualificante, maldosa.

1708. **Sarriá**: estádio que sediou jogos da Copa do Mundo de 82, na Espanha e que para os brasileiros tornou-se emblemático por causa da derrota e a consequente eliminação surpreendente da seleção brasileira que era tida como a favorita daquele torneio da FIFA.

1709. **Scout**: estatística sobre o desempenho de jogadores e times.

1710. **Se concentração ganhasse jogo, o time do presídio seria campeão todo ano**: máxima do futebol brasileiro que desqualifica a recomendação de que antes de partidas importantes, os jogadores devem se concentrar longe de seus familiares e do grande público, permanecendo juntos, às vezes, por dias até.

DICIONÁRIO DE FUTEBOLÊS

1711. **Se esconder**: pipocar, fugir do jogo mais disputado. Os comentaristas costumam dizer para o narrador para justificar a acusação: "Você quase não falou o nome do fulano até aqui..."

1712. **Se macumba ganhasse jogo, campeonato na Bahia terminaria sempre empatado**: máxima do futebol que menospreza a influência das forças ocultas nos resultados do futebol.

1713. **Se**: essa conjunção, muito presente nas discussões sobre futebol, é muito usada para as explicações e as desculpas para uma derrota: Ouvem-se sempre, após as derrotas, frases como "Se o juiz desse aquela falta", "Se a bola não batesse na trave", "Se o atacante fizesse aquele gol"... Os vitoriosos em geral rebatem essas desculpas, em geral esfarrapadas, com o clássico aforismo "O SE não ganha jogo".

1714. **Secretário de lateral**: jogador que é escalado só para ajudar o lateral, direito ou esquerdo, a marcar um atacante muito arisco que esteja dando muito trabalho ao defensor.

1715. **Segue o jogo**: bordão pelo locutor de televisão Milton Leite; significa que o juiz não apitou uma falta esperada pelos teletorcedores.

1716. **Segue o líder**: expressão provocativa que é repetida pelos torcedores de um time que está na liderança de um campeonato.

1717. **Segunda divisão**: composta por vinte clubes que lutam para ascender à primeira divisão do futebol brasileiro. Essa expressão também é cantada como

203

provocação a um time que já tenha amargado a dor de ser rebaixado e de cair para a segunda divisão.

1718. **Segunda página**: os dez últimos colocados no campeonato brasileiro, normalmente disputado por vinte clubes.

1719. **Segunda pele**: como os torcedores mais fanáticos se referem ao uniforme do seu time de coração.

1720. **Segundo homem do meio de campo**: é o segundo volante, aquele que ocupa a posição dois do meio de campo.

1721. **Segundo pau**: é a trave mais distante do corner de onde se cobra um escanteio.

1722. **Segundo tempo**: segunda parte do jogo que se divide em duas etapas de quarenta e cinco minutos mais os acréscimos que o juiz acha necessários por eventuais paralisações da partida. É a parte decisiva do jogo.

1723. **Segundona**: é a segunda divisão.

1724. **Segurar o jogo**: tocar a bola, mantendo-a sob seu domínio, sem agredir o adversário, mas sem lhe dar chances de contra-atacar. Usa-se essa expressão também para denominar atitudes como fazer cera, retardar o reinício do jogo após a saída da bola pela linha de fundo ou por uma das linhas laterais.

1725. **Seleção da rodada**: os melhores jogadores de uma etapa do campeonato, escolhidos pelos analistas esportivos ou com a participação do público, por meio de votação na internet.

1726. **Seleção de 70**: o lendário time que se sagrou campeão do IX Copa do Mundo, realizada no México, ti-

DICIONÁRIO DE FUTEBOLÊS

nha como seu líder o maior jogador de todos os tempo, o Rei Pelé.

1727. **Seleção é a pátria de chuteiras (A)**: Aforismo de Nelson Rodrigues que traduz a importância que o futebol e de sua seleção tinham para o Brasil e o seu povo.

1728. **Seleção**: os melhores jogadores de um país ou região.

1729. **Seleção**: reunião dos melhores jogadores convocados para representar o Brasil em amistosos ou em competições oficiais.

1730. **Sem ângulo**: tentar um gol da linha de fundo de onde as possibilidades de acerto são pequenas.

1731. **Sem clube**: jogador que não tem vínculo com nenhuma agremiação, que está disponível.

1732. **Sem espaço**: diz-se do jogador que não consegue a titularidade em um time, que só amarga a reserva, ou por deficiência técnica ou por mal ambiente com o técnico e com os demais jogadores.

1733. **Sem ritmo de jogo**: diz-se do jogador que volta a jogar depois de muito tempo parado por contusão. Só tem ritmo de jogo quem está constantemente sendo escalado e, portanto, jogando.

1734. **Semana cheia**: diz-se de um período sem jogos, em que o treinador pode trabalhar a equipe e recuperar os jogadores.

1735. **Semifinal**: partida que antecede a decisão e que define um dos finalistas do torneio.

1736. **Sem-pulo**: chute em que o jogador acerta a bola que vem pelo alto sem tirar um dos pés do chão. É uma jogada difícil que pode terminar em golaço ou em vexame.

1737. **Sentir um gol**: abalo psicológico que um time revela após sofrer um gol. Pode ser uma sentimento irrecuperável e determinar a derrota.

1738. **Sequência**: jogos encadeados de uma equipe de futebol num determinado período de tempo.

1739. **Ser barrado**: ir para a reserva, sair do time titular.

1740. **Ser rebaixado**: descer uma divisão.

1741. **Sérgio Ramos**: zagueiro espanhol multicampeão pelo Real Madri.

1742. **Série**: divisão ou nível em que são agrupados os clubes por suas qualidades técnicas.

1743. **Série A**: a primeira divisão do campeonato brasileiro.

1744. **Série B**: a segunda divisão do campeonato brasileiro.

1745. **Série C**: a terceira divisão do campeonato brasileiro.

1746. **Série D**: a quarta divisão do campeonato brasileiro.

1747. **Serra Dourada**: estádio Municipal de Goiânia em que manda seus jogos o Goiás Atlético Clube. É chamado de latifúndio, porque tem as maiores medidas que um gramado oficial pode apresentar.

1748. **Serrinha**: o estádio Hailé Pinheiro, do Goiás.

1749. **Servir**: passar, assistir (VTD).

1750. **Sessenta e dois**: é como se referem os jornalistas e torcedores à Copa do Mundo do Chile, conquistada pelo Brasil, cujo destaque foi Garricha, em 1962.

1751. **Sessenta e seis**: é como se referem os jornalistas e torcedores à Copa do Mundo da Inglaterra.

DICIONÁRIO DE FUTEBOLÊS

1752. **Sete a um**: resultado da semifinal entre as seleções alemã e brasileira na Copa do Mundo disputada no Brasil em 2014. Esse placar tornou-se emblemático pelo que representou de vexame e decepção para todos os brasileiros. É um marco assim como "O dia D" ou o "Onze de setembro".

1753. **Setenta**: é como se referem os jornalistas e torcedores à Copa do Mundo do México, conquistada pela seleção brasileira, considerada por muitos como a maior seleção de todos os tempos, que tinha Gérson, Rivelino, Tostão, Jairzinho, Clodoaldo, Carlos Alberto e Pelé.

1754. **Setor**: seção de uma equipe, bloco de jogadores que atuam numa parte do gramado.

1755. **Setor de construção**: o meio-de-campo.

1756. **Setor de criação**: o meio-de-campo

1757. **Setor ofensivo**: o ataque do time.

1758. **Setorista**: repórter que acompanha um clube de futebol, levando aos torcedores, pelo seu veículo de imprensa, as notícias sobre o time.

1759. **Simeone**: jogador e técnico argentino conhecido pelo temperamento explosivo.

1760. **Simplificar**: fazer o básico em uma jogada. É o contrário de enfeitar.

1761. **Simulação**: fingimento, teatro.

1762. **Simular**: é o ato em que um jogador finge ter sofrido uma falta ou exagera na reação a uma falta verdadeiramente sofrida.

1763. **Sistema**: organização tática do time, disposição dos jogadores pelos setores do campo. É resumido pelo número de ocupantes que cada setor tenha. Nessa distribuição dos jogadores pelo campo não se leva em consideração o goleiro, que deve ficar, sempre, embaixo das traves, protegendo seu gol. A divisão dos dez jogadores de linha pelos setores do gramado é representada pela junção de quatro números (4-2-4; 4-3-3; 3-5-2, etc.). O primeiro número dessa expressão representa a quantidade de defensores que a equipe terá na partida. O segundo, a quantidade de jogadores que ocuparão o meio de campo. O último numeral identifica com quantos atacantes a equipe atuará. No 4-3-3, por exemplo, que era o esquema adotado pela Seleção Brasileira de 70, tínhamos quatro zagueiros (Carlos Alberto, Brito, Piazza e Everaldo), três meio-campistas (Clodoaldo, Gérson e Rivelino) e três atacantes (Jairzinho, Pelé e Tostão). A organização dos times expressa por essa sigla numérica demonstra de maneira flagrante a preocupação cada vez maior dos treinadores com a defesa. Repare-se o número cada vez maior de defensores e meio-campistas e, consequentemente, a diminuição do número de atacantes. A expressão numérica que representava o esquema da seleção brasileira de 1950, por exemplo, era o 3-2-5. Já o esquema que denota a seleção que jogará a Copa de 2014 é o 4-5-1.

1764. **Só cumprimentou**: diz-se do jogador que faz um gol de cabeça sem marcação e o gesto de cabecear a bola lembra um cumprimento com um ligeiro abaixar da cabeça.

DICIONÁRIO DE FUTEBOLÊS

1765. **Só faltou fazer chover**: expressão elogiosa a um jogador que tenha feito tudo numa partida de futebol e acabado com o jogo

1766. **Sobe**: pedido do técnico que quer que a equipe vá ao ataque com mais velocidade ou com mais gente.

1767. **Sobra**: é a bola que se apresenta livre para um jogador, como resultado de um chute ou de um cruzamento na área. Pode ser o nome que se dá a um posicionamento de defesa em que um beque dá o combate ao atacante que está com a bola e o outro fica ao lado ou atrás, na cobertura, esperando a sobra.

1768. **Sócrates**: craque da seleção brasileira de 1982 e 1986, na Espanha e no México, respectivamente.

1769. **Soltar um canudo**: chutar muito forte, desferir uma bomba.

1770. **Soprador de apito**: entenda-se como uma ofensa ao árbitro. Diz-se do árbitro que se limita a apitar as faltas sem se impor diante dos jogadores.

1771. **Sorte**: fenômeno que só se aplica aos times adversários e aos seus jogadores, numa forma de desmerecê-los.

1772. **Sorte de campeão**: diz-se de um time que deixa de sofrer gols quase feitos ou que ganha partidas em que foi claramente dominado pelo adversário.

1773. **Sport**: tradicional time de Pernambuco.

1774. **Staf**: profissionais que cercam um jogador

1775. **STJD**: Superior Tribunal de Justiça Desportiva. É onde são resolvidos os imbróglios e as pendengas judiciais que muitas vezes envolvem as partidas e os campeonatos de futebol no Brasil. Como o chão de

209

sua sede é todo coberto por grossos tapetes, é conhecido como "Tapetão".

1776. **Subir**: ascender a uma divisão do campeonato acima daquela em que o time estava.

1777. **Subir**: ir ao ataque, avançar.

1778. **Subir na cabeça**: disputar uma bola pelo alto.

1779. **Subiu a bandeira**: equivale a "o jogador está impedido", pois é levantando a bandeira que o assistente de arbitragem indica para o juiz que um jogador está em situação irregular e que, por isso, a jogada deve ser interrompida.

1780. **Substituição**: troca de um jogador titular por um reserva; As substituições ocorrem por necessidades médicas (quando um atleta que começou a partida sofre algum tipo de lesão que o impeça de continuar jogando), táticas (quando um treinador precisa que seu time se defenda ou ataque com mais vigor) ou técnicas (quando um jogador titular não está rendendo o que se esperava dele).

1781. **Sula**: como carinhosamente os torcedores referem-se à Copa Sulamericana.

1782. **Súmula**: é o relatório escrito pelo juiz que descreve o que aconteceu na partida. Quem fez os gols, quem foi advertido com cartão amarelo, quem foi expulso. O árbitro pode, ainda, nesse documento, relatar possíveis tentativas de coação a ele ou a seus auxiliares e desabonar as condições do estádio e o comportamento da torcida. É consultada nos tribunais quando algum clube recorre do resultado de um jogo.

1783. **Superioridade numérica**: ter mais jogadores em campo, em razão da expulsão de um atleta do time adversário ou ter mais jogadores num determinado setor do campo, por razões táticas.

1784. **Superstição**: manias que cercam o mundo do futebol, como por exemplo, treinadores que vestem sempre a mesma roupa, jogadores só entram no gramado com o pé direito etc.

1785. **Super-Zé**: apelido do lateral direito do Brasil nas Copas do Mundo de 70 e 74.

1786. **Susto**: jogada perigosa do adversário.

T

1787. **Tá de brincadeira**: expressão cunhada pelo narrador Daniel de Oliveira, para se referir a uma jogada mal feita.

1788. **Tá lá o corpo estendido no chão**: verso de uma canção de João Bosco e Aldir Blanc, usado pelo narrador Januário de Oliveira para indicar um jogador caído no gramado, após receber uma falta.

1789. **Tá sozinho**: grito em que um jogador tranquiliza um companheiro. Significa que ele pode dominar a bola com tranquilidade, que não precisa despachá-la de qualquer maneira, chutando-a para frente ou para os lados. Em geral, esse alerta é dado aos zagueiros.

1790. **Tabela**: relação dos jogos das equipes que disputam um campeonato rodada a rodada.

1791. **Tabela**: troca de passes entre dois jogadores em que o primeiro, em movimento, toca a bola para um companheiro que, parado, apenas a devolve mais à frente, fora do alcance do adversário que faz a marcação.

1792. **Tabu**: os acontecimentos que se repetem no futebol são chamados de tabu. Um time que fica sem vencer

DICIONÁRIO DE FUTEBOLÊS

um rival por anos; um jogador que não consegue fazer gols num adversário; uma equipe que não consiga resultados positivos num determinado estádio, etc.

1793. **Taça**: é o objeto que simboliza a conquista de um campeonato.

1794. **Tacada de sinuca**: chute preciso, dado com esmero.

1795. **Talismã**: jogador que entra no segundo tempo e faz gols decisivos.

1796. **Tango**: a bola da Copa de 1978, realizada na Argentina.

1797. **Tanque**: Atacante muito forte, mas em geral pouco habilidoso que baseia seu jogo na força e no arranque e aposta sempre no corpo a corpo para conseguir concluir a gol.

1798. **Tapa**: chute consciente, de pouca força, mas de alta precisão.

1799. **Tapetão**: é o termo pejorativo que denomina o alto escalão do futebol e o STJD, onde muitas vezes se alteram resultados de campo com base na reinterpretação da legislação esportiva ou do regulamento de uma competição.

1800. **Tática**: arrumação ou disposição dos jogadores em campo. É definida pelo treinador e conforme essa escolha um time será defensivo ou ofensivo.

1801. **Tatiquês**: a linguagem dos procedimentos táticos do futebol.

1802. **Técnica**: conjunto de competências e habilidades (chutar, passar, cabecear, controlar, dominar e passar a bola) exigidas a um jogador de futebol profissional.

213

1803. Técnico: é o comandante da equipe. É ele que escala os jogadores que entram em campo e os que ficam no banco. Decide a tática a ser empregada nas partidas e define o modo de jogar do time. É chamado de professor pelos jogadores e pelos jornalistas. Os primeiros usam o termo por respeito; os outros usam o termo pejorativamente. Um técnico ruim muitas vezes vira treineiro, que é um termo sarcástico. Os mais valorizados no mercado são os técnicos de ponta ou de grife. Há os técnicos estrategistas (aqueles que primam pela organização tática de seus times), os motivadores (que são ótimos em levantar o moral de times com baixa autoestima), os retranqueiros (cujas equipes jogam sempre na defesa) e os linhas-duras (em geral contratados para acabar com a bagunça e a indisciplina que se instalaram no elenco de algum clube). Há técnicos que "falam a língua dos jogadores", em geral por ser um ex-jogador, e os que primam por um linguajar distante e rebuscado, algo pedante.

1804. Telegrafar a jogada (o passe): deixar claro para o adversário com gestos ou com a postura corporal o que se pretende fazer (chutar, passar, driblar), o que facilita a tarefa de quem tem que impedir a jogada.

1805. Tem a cara do treinador: essa expressão, que não é necessariamente elogiosa, indica que o time joga à feição do seu técnico, ou seja, do jeito que ele armou outras equipes antes dessa.

1806. Tem jogo: usa-se essa expressão para indicar que a partida ainda não está decidida.

DICIONÁRIO DE FUTEBOLÊS

1807. **Tem muita intimidade com a bola**: elogio ao jogador que tem habilidade e chama a bola de você.

1808. **Tem muito pulmão**: diz-se do jogador que corre muito sem parecer se cansar ou aparentemente mais do que os outros.

1809. **Tem o dedo do técnico**: é como os comentaristas e torcedores se referem a uma jogada que possivelmente foi criada pelo treinador.

1810. **Tem o elenco na mão**: diz-se do treinador que tem total domínio sobre os jogadores que comanda.

1811. **Tem peixe na rede**: bordão com que o radialista Waldyr Amaral, após o grito de gol, sacramentava para os ouvintes a consignação de um tento.

1812. **Tempo de bola**: intuição do lugar em que a bola vai cair, comum aos jogadores que estão em forma e com ritmo de jogo.

1813. **Tempo regulamentar**: os noventa minutos que cada partida tem.

1814. **Temporada**: conjunto de campeonatos que um ano tem. A temporada no Brasil vai de fins de janeiro até o início de janeiro. Na Europa, os campeonatos realizam-se entre agosto e abril.

1815. **Tento**: o gol.

1816. **Terceirona**: é a terceira divisão.

1817. **Terço final**: faixa do campo que engloba a intermediária e a área adversárias, o lugar em que atacantes e defensores entram em combate.

215

1818. **Tesoura voadora**: falta grosseira em que um jogador atira-se com as duas pernas abertas sobre um adversário e, ao atingi-lo, entrelaça-as em volta dele, derrubando-o perigosamente. Normalmente, os árbitros aplicam no mínimo um cartão amarelo para o executor desse golpe que pode ocasionar contusões sérias na vítima.

1819. **Testada**: cabeceio correto, com a testa.

1820. **Tigre**: símbolo do Vila Nova

1821. **Tijolada**: pedrada, tirambaço, tiro, bomba, chutaço, chute muito forte.

1822. **Tijolo**: chute forte.

1823. **Timaço**: time muito bom, antológico, de grandes façanhas.

1824. **Timão**: é como a torcida e os jornalistas chamam o time do Corinthians.

1825. **Timbu**: o Náutico, de Pernambuco.

1826. **Time**: jogadores que representam um clube no campo. É formado por onze jogadores: dez na linha e um no gol, distribuídos em setores, meio-campo, defesa e ataque. É chamado de onze, equipe, time sempre seguido do adjetivo (time alvinegro, a equipe esmeraldina, o onze colorado) ou do adjunto adnominal que indica o clube a que pertence (time do Botafogo, a equipe do Santos, o onze do Grêmio, etc).

1827. **Time alternativo**: time composto por jogadores reservas.

DICIONÁRIO DE FUTEBOLÊS

1828. **Time arrumadinho**: diz-se do time que, sem grandes estrelas e até limitado tecnicamente, demonstra organização e estrutura táticas louváveis.

1829. **Time base**: conjunto de jogadores normalmente escalado pelo técnico.

1830. **Time completo**: o time titular, sem nenhum desfalque.

1831. **Time copeiro**: diz-se da equipe que está acostumada a disputar partidas de mata-mata.

1832. **Time da base**: time das categorias inferiores, do sub-20 ou do sub-17.

1833. **Time da Virada**: como a torcida do Vasco da Gama se refere ao seu próprio time, pela capacidade muitas vezes apresentada de inverter um resultado adverso.

1834. **Time de bandidos**: grupo formado por jogadores indisciplinados, com histórico de mau comportamento.

1835. **Time de camisa**: na várzea, o time que tem até uniforme.

1836. **Time de guerreiros**: como a torcida de Fluminense Football Club do Rio de Janeiro chama seus jogadores, para incentivar ou para saudar o time após as vitórias, pela capacidade já demonstrada de lutar até o fim das partidas.

1837. **Time de massa**: time de grande torcida, que tem seus admiradores entre os mais pobres.

1838. **Time de operários**: diz-se do time que não tem grandes estrelas e que, por isso, todos correm muito em campo.

1839. **Time de pelada**: xingamento, ofensa a um time de futebol profissional. Denota falta de organização tática, de preparo físico e de qualidade técnica.

1840. **Time enjoado**: difícil de ser batida, "carne de pescoço".

1841. **Time feinho**: ruim, sem qualidade, mal organizado, que joga um futebol pobre.

1842. **Time grande não cai**: frase com a qual os torcedores dos times que não têm em seu currículo uma queda para a segunda divisão provocam os torcedores adversários cujos times já tenham passagens pela segundona.

1843. **Time grande**: os clubes mais tradicionais e de maior capacidade de investimento.

1844. **Time misto**: time que mescla jogadores titulares e reservas.

1845. **Time pequeno**: os clubes de menor capacidade de investimento.

1846. **Time reativo**: aquele que joga no contra-ataque, que não propõe o jogo.

1847. **Time sem alma**: chama-se assim a uma equipe que não demonstra comprometimento com a camisa que veste e joga sem determinação, burocraticamente.

1848. **Time sem vergonha**: grito de protesto dos torcedores em relação ao próprio time quando se percebe falta de interesse dos jogadores, má qualidade técnica e física do elenco ou as duas coisas ao mesmo tempo.

1849. **Timeco**: termo pejorativo que designa um time ruim, fraco, sem craques.

DICIONÁRIO DE FUTEBOLÊS

1850. **Times espelhados**: usa-se essa expressão para designar, numa partida, procedimentos e posicionamentos táticos iguais das duas equipes.

1851. **Timinho**: expressão com a qual se designa um time grande que assume uma postura de time pequeno. Alcunha do time do Fluminense que sagrou-se campeão em 1969 mesmo sem ter grandes craques em seu elenco.

1852. **Tinha endereço certo**: bola que parecia por sua trajetória, ao ser chutada ou cabeceada, que entraria no gol, mas que foi desviada pelo goleiro ou por um defensor.

1853. **Tique-taque**: modo de jogar característico do Barcelona, que privilegia a posse de bola através da troca de passes paciente e constante.

1854. **Tirambaço**: Chutaço, bomba, canhão, chute muito potente.

1855. **Tirando tinta**: chute que passa raspando a trave.

1856. **Tirar**: chutar para longe, rechaçar uma bola, afastando-a da área.

1857. **Tirar da cartola**: diz-se de um jogador que faz uma jogada inusitada, mágica, que surpreende a torcida e desconcerta os adversários.

1858. **Tirar do goleiro**: tocar na bola em direção do gol fora do alcance do goleiro, impossibilitando-lhe a defesa.

1859. **Tirar o pé**: fugir de uma dividida, entrar mole em uma disputa.

219

1860. **Tirar o zero do placar**: fazer o primeiro gol.

1861. **Tirar**: chutar para longe, rechaçar uma bola, afastando-a da área.

1862. **Tira-teima**: recurso tecnológico pelo qual se reveem os lances controversos de uma partida de futebol.

1863. **Tiro de canto**: o corner

1864. **Tiro de esquina**: o corner

1865. **Tiro de meta**: é a reposição de jogo de uma bola que sai pela linha de fundo feita em geral pelo goleiro que chuta a pelota de sua meta, o gol, para bem longe de sua própria área.

1866. **Tiro esquinado**: o corner

1867. **Tiro livre da marca do pênalti**: pênalti, penalidade máxima.

1868. **Tiro livre direto**: é falta cuja cobrança pode ser feita num chute diretamente ao gol.

1869. **Tiro livre indireto**: é a falta que deve ser cobrada em dois toques. Um jogador posiciona-se bem perto da bola e a toca para o companheiro encarregado de chutá-la para o gol. O juiz, para que todos no estádio vejam que a falta deve ser cobrada em dois lances, levanta uma das mãos e fica com ela levantada até que o primeiro dos cobradores toque na bola e a coloque em jogo, permitindo, assim, que ela seja chutada ao gol. Se a bola for chutada diretamente para o gol por um jogador distraído, ignorante ou mal intencionado, e entrar, o lance será invalidado.

1870. **Tite**: treinador da Seleção Brasileira na Copa do Mundo de 2018, na Rússia.

DICIONÁRIO DE FUTEBOLÊS

1871. **Titular**: jogador que é dono de uma das posições em um time, o que inicia a partida de futebol.

1872. **Título**: é o que os clubes almejam, é a conquista da taça a que faz jus o campeão do torneio ou campeonato.

1873. **Toca**: é uma das maneiras, das mais suaves, de se pedir a bola a um companheiro.

1874. **Tocar**: fazer a bola chegar até um companheiro; o toque de bola caracteriza uma equipe e o passe é um dos fundamentos mais importantes do futebol.

1875. **Toco**: travada, interrupção brusca de uma jogada de ataque.

1876. **Tolima**: clube de futebol colombiano.

1877. **Tomar as rédeas da partida**: dominar o adversário, ter mais a bola no pé, não sofrer riscos na defesa.

1878. **Tomar um drible**: ser driblado pelo adversário.

1879. **Tomar um frango**: deixar passar uma bola defensável e até fácil, o goleiro

1880. **Tombo**: apelido de Luisinho, centroavante do América Futebol Clube.

1881. **Tomou a decisão errada**: diz-se do jogador que, em vez de chutar, deu um passe ou vice-versa.

1882. **Toque**: ato de se colocar a mão na bola deliberadamente.

1883. **Toque**: passe de curta distância.

1884. **Toque de bola**: troca de passes entre os jogadores de um time.

1885. **Toque de calcanhar**: passe com a parte anterior do pé para algum companheiro de time ou para finalização ao gol. Sócrates, centroavante do Corinthians e da seleção brasileira, fazia jogadas geniais de calcanhar. Torcedor doente: como é conhecido o torcedor que pauta a sua vida pelo amor incondicional ao seu time.

1886. **Torcedor**: é o ser apaixonado que comparece aos estádios para torcer pelo seu time.

1887. **Torcedor doente**: o torcedor que pauta a sua vida pelo amor, adoração e idolatria incondicionais ao seu time.

1888. **Torcedor roxo**: diz-se do torcedor fanático por um time.

1889. **Torcedores profissionais**: são aqueles que fazem do ato de torcer uma profissão e ganham a vida acompanhando o time do coração nas partidas, seja lá qual for o estádio em que ele jogue. Em geral, esses torcedores são subsidiados com ajuda de custo para a confecção de bandeiras e faixas e com a distribuição de ingressos gratuitos pelos próprios dirigentes do time em troca de apoio nas campanhas eleitorais internas do clube.

1890. **Torcer**: é mais do que amar. É entrar em estado de comunhão total com uma partida de futebol, não importando mais nada à sua volta naqueles noventa minutos em que a partida se desenrola. É amar incondicionalmente um time, a ponto de se tornar cego para tudo o mais que haja em volta, numa espécie de transe ou catarse. É abraçar intimamente um desconhecido ao lado, na arquibancada, na comemoração de um gol, ou aborrecer-se com ele, a ponto até de chegar às vias de fato, caso ele demonstre descrença no time ou emita uma opinião diferente da sua sobre a atuação do seu

DICIONÁRIO DE FUTEBOLÊS

esquadrão. É desejar que todas as bolas chutadas por seu time entrem no gol e que nenhuma, ao contrário, sequer chegue perto do seu. É considerar os seus jogadores os melhores e os piores do mundo, conforme a desempenho deles um uma jogada apenas ou numa partida qualquer. É achar que todos os árbitros apitam de má vontade contra o seu time e favorecem o adversário em todas as situações. É virar criança ao avistar na rua, no shopping, ou na praia um atleta ou ex-jogador de sua equipe e querer de qualquer maneira um autógrafo dele ou uma foto com ele. É crer inabalavelmente na vitória do time ou desacreditar crendo na força dele. É se esgoelar em cantos e gritos de incentivo na tentativa na maioria das vezes inglória de fazer com que seus atletas vençam uma partida. É fazer de tudo por um time mesmo que a agremiação e os jogadores sequer saibam que ele existe. Torcer é amar o inatingível a distância e sem reciprocidade.

1891. **Torcida**: é a plateia apaixonada que comparece ao estádio.

1892. **Torcida organizada**: os torcedores de um time se dividem em grupos que dominam determinadas partes das arquibancadas. Têm camisas e bandeiras personalizadas, gritos de incentivo ao time característicos e, muitas vezes, metem-se em confusões nos estádios por causa da rivalidade com outras torcidas organizadas, às vezes do mesmo time.

1893. **Torneio**: as competições em que os clubes se envolvem ao longo da temporada são de vários tipos, conforme a fórmula de disputa. Os torneios são curtos e em geral disputados em mata-matas. Nesse tipo de disputa, ocorrem surpresas porque entram em cena fatores que são diluídos nas disputas por pontos corridos, como importância da torcida, influência da arbitragem, pressão sobre os times que jogam fora de casa e sobre os árbitros, etc.

1894. **Tostão**: joelhada de cima para baixo na parte posterior da coxa de um adversário. Provoca dor lancinante e um edema que custa a ser dissolvido.

1895. **Tostão**: jogador do Cruzeiro de Minas Gerais, centroavante cerebral da Seleção Brasileira tricampeã em 1970, no México.

1896. **Totó**: – toque sutil na bola, para driblar ou para fazer um gol. É também um dos nomes do jogo chamado na maior parte do Brasil de pebolim.

1897. **Totozinho**: o mesmo que totó.

1898. **Touro Sentado**: apelido de Fidélis, lateral do Vasco da Gama na década de 70 do século passado.

1899. **Trabalhar a bola**: tocar a bola com calma e objetividade. É uma ação que se opõe ao chutão a esmo para frente.

1900. **Traço**: drible, finta.

1901. **Traíra**: substantivo que no meio do futebol designa o traidor, o alcaguete, o covarde.

1902. **Transição ofensiva**: passagem da defesa ao ataque. Pode ser através de um chutão, a chamada ligação direta, ou pela evolução clássica da jogada.

DICIONÁRIO DE FUTEBOLÊS

1903. **Travar**: parar a jogada, intervir numa bola que estava dominada pelo time contrário, impedir a passagem de um atacante do time adversário.

1904. **Travas**: pinos que as chuteiras trazem na sola para aumentar a aderência ao gramado.

1905. **Traves**: postes ou hastes de metal que, cravadas no gramado, sustentam o travessão, formando com ele os limites do gol.

1906. **Travessão**: a trave que fica na horizontal, apoiada nas traves paralelas, fincadas no gramado, sobre a linha do gol.

1907. **Treinador**: professor, técnico, comandante, o homem. É quem treina e escala os jogadores e define a tática que a equipe adotará.

1908. **Treinador**: técnico

1909. **Treinar em separado**: é uma forma de punição. Refere-se ao jogador que, por problemas disciplinares, foi afastado do elenco, passando a treinar sozinho.

1910. **Treino**: preparação para os jogos.

1911. **Treino é treino, jogo é jogo**: aforismo creditado ao grande craque do Botafogo Didi, bicampeão mundial em 58/62 pela Seleção Brasileira nas Copas da Suécia e do Chile, em resposta a alguém que lhe cobrava mais empenho num treinamento.

1912. **Trepidante**: repórter esportivo que atua dentro de campo, entrevistando os jogadores e alimentando a transmissão com notícias dos bastidores.

225

1913. **Três dedos**: chute em que o jogador atinge a bola com o terceiro, o quarto e o quinto dedos do pé e não com o peito do pé ou com o dedão, no chamado chute de bico.

1914. **Três pontos**: é o que se conquista com uma vitória.

1915. **Triangulações**: são tabelas feitas por três jogadores em geral sobre um número menor de adversários. Exigem sincronismo e entrosamento para serem executadas com perfeição.

1916. **Triângulo no meio-campo**: armação tática composta por dois volantes e um meia ou por dois meias e um volante.

1917. **Tribunal**: local em que se resolvem os casos jurídicos do futebol, como transferências de jogadores, penalizações de atletas por uso de doping ou de clubes pela escalação irregular de algum jogador.

1918. **Tri**: referência ao campeonato mundial conquistado pelo Brasil no México, em 1970.

1919. **Tricolor**: time cuja bandeira tem três cores.

1920. **Tricolor das Laranjeiras**: O Fluminense do Rio de Janeiro.

1921. **Tricolor de Aço**: é a denominação pela qual é conhecido o Clube Atlético Ferroviário do Ceará.

1922. **Tricolor do Pici**: o Fortaleza Esporte Clube.

1923. **Tricolor Imortal**: o Grêmio de Porto Alegre

1924. **Tricolor Paulista**: O São Paulo Futebol Clube.

1925. **Tricolor suburbano**: O Madureira, clube do Rio de Janeiro.

DICIONÁRIO DE FUTEBOLÊS

1926. **Tricolor**: time cuja bandeira tem três cores.

1927. **Trio de arbitragem**: composto por um juiz e dois auxiliares, ou bandeirinhas, responsáveis por manter a ordem e a observância às regras numa partida de futebol.

1928. **Trio ofensivo**: os três atacantes numa equipe que atue num quatro, três, três.

1929. **Trio MSN**: referência aos três atacantes do lendário time do Barcelona das temporadas de 2014 a 2017, formada por Messi, Soares e Neymar.

1930. **Tríplice coroa**: diz-se do time que conquista num mesmo ano três campeonatos e torneios importantes.

1931. **Troca de camisas**: ocorre no intervalo ou no fim dos jogos. A troca de camisas é sinal de fair play e indica que possíveis rusgas ocorridas dentro de campo ficaram para trás.

1932. **Troca de passes**: maneira de ter a posse de bola, de passar o tempo ou de evoluir para a fase ofensiva.

1933. **Troca-troca**: é como alguns repórteres de campo se referem a uma substituição promovida pelo treinador

1934. **Trocou seis por meia dúzia**: diz-se quando o técnico faz uma substituição que não muda a forma de jogar da equipe, porque o jogador que entra joga na mesma posição em que jogava o substituído e os dois se equivalem tecnicamente.

1935. **Troféu leitão**: prêmio fictício e pejorativo atribuído ao pior jogador da partida ou ao autor da jogada mais bisonha.

1936. **Trombador**: centroavante de pouca técnica, mas alto e forte, que tenta se valer de seu corpanzil para ganhar as disputas contra os zagueiros adversários.

1937. **Trombar**: chocar-se com um adversário. Há jogadores que baseiam seu futebol no contato, valendo-se de seu corpo avantajado.

1938. **Tropeçar**: perder para um equipe mais fraca.

1939. **Tropeço**: o ato de tropeçar.

1940. **Tubarão**: O Avaí Futebol Clube de Santa Catarina.

1941. **Tuna-luso**: Tuna Luso Brasileira, tradicional clube de Belém do Pará.

1942. **Turno**: primeira etapa de um campeonato, fase inicial do certame.

U

1943. **UEFA**: União das Federações Europeias de Futebol; é o organismo que comanda o futebol europeu e organiza os campeonatos continentais de clubes e de seleções.

1944. **Última linha**: a defesa ou a linha do gol e de fundo.

1945. **Última volta do ponteiro**: é uma maneira dramática pela qual os narradores esportivos dizem que falta um minuto para acabar o jogo.

1946. **Último homem**: o único defensor postado no campo de defesa quando toda a equipe vai ao ataque em desespéro.

1947. **Último passe**: o passe para gol, a assistência.

1948. **Ultrapassagem**: o ato de, na corrida, um jogador ultrapassar um adversário na velocidade, para receber a bola na frente, nas costas do defensor.

1949. **Um contra um**: situação em que dois jogadores duelam, um com a bola, atacando, outro sem a bola, buscando impedir o progresso do primeiro.

1950. **Um-dois**: Tocar de primeira uma bola e recebê-la de volta do companheiro que também a toca de primeira na devolução.

1951. **Uniforme**: o que os atletas usam para disputar uma partida de futebol profissional. É composto por meias, calção e camisa.

1952. **United (Manchester)**: O Manchester United

1953. **Uri Geller**: apelido do jogador Júlio César, ponta esquerda do Flamengo nos anos oitenta, do século XX, que se notabilizou por entortar os adversários com dribles desconcertantes assim como fazia o ilusionista que tinha esse nome, que entortava talheres com o poder da mente.

1954. **Urubu**: o símbolo do Clube de Regatas do Flamengo, o torcedor do rubro-negro carioca. Pode significar, também, azar, urucubaca.

1955. **Usar o corpo**: fazer valer o físico para vencer uma jogada.

V

1956. **Vai a pênaltis**: diz-se da partida eliminatória ou final que não teve vencedor no tempo normal nem na prorrogação.

1957. **Vai mais, garotinho**: bordão de José Carlos Araújo, famoso narrador esportivo do rádio brasileiro.

1958. **Vai mexer**: diz-se do técnico que prepara uma substituição.

1959. **Vai que é tua, Taffarel**: bordão entre os muitos criados por Galvão Bueno, grande narrador esportivo da televisão brasileira.

1960. **Vai ter pesadelo**: diz-se do jogador que tomou um baile de um adversário.

1961. **Vai, Bahea**: grito de incentivo ao seu time dos torcedores do Esporte Clube Bahia.

1962. **Vai, Corinthians**: grito de incentivo da Fiel Torcida nas arquibancadas.

1963. **Vai**: é a concordância ao avanço de um jogador, em geral de defesa, ao ataque.

1964. **Vaia**: apupo, demonstração sonora e ostensiva de desagrado da torcida em relação ao jogo ou à atuação do time.

1965. **Valores**: jogadores bons que formam o elenco de um clube.

1966. **Válvula de escape**: o jogador que, por sua velocidade, é a única saída e é constantemente acionado para o contra-ataque, quando um time está sendo acossado pelo adversário.

1967. **Vampeta**: folclórico jogador de futebol, campeão do mundo em 2002 com a Seleção Brasileira. Autor da frase "Eles fingem que pagam, a gente finge que joga"

1968. **VAR**: expressão em inglês que significa Vídeo Assistante Referee ou, Árbitro Assistente de Vídeo.

1969. **Vasco da Gama**: o Clube de Regatas Vasco da Gama, tradicional clube do Rio de Janeiro.

1970. **Velha Senhora (A)**: O Juventus de Turim, na Itália.

1971. **Velocista**: jogador que corre muito, mas não tem tanta técnica.

1972. **Venceu, mas não convenceu**: expressão muito usada pelos comentaristas para caracterizar uma vitória injusta de um time. Quer dizer que a equipe, apesar de jogar mal, ganhou a partida.

1973. **Vender o peixe**: é o que todo jogador que está na reserva quer: mostrar serviço, entrar em campo e jogar bem.

1974. **Vendido**: jogador que aceita suborno do adversário para cometer erros durante uma partida e, desse modo, propiciar a derrota do seu próprio time.

1975. **Ventilador**: Jogador que joga de uma lado para o outro sem muita objetividade.

DICIONÁRIO DE FUTEBOLÊS

1976. **Verdão**: como a torcida do Palmeiras se refere ao seu clube.

1977. **Veron**: craque argentino que disputou as copas do mundo de 1998 e 2002. Foi jogador e, depois, presidente do Estudiantes de La Plata, campeão da Libertadores em 2009.

1978. **Verticalidade**: o jogo pra frente, sem passes laterais.

1979. **Verticalizar**: jogar para a frente, sempre buscando a evolução ofensiva.

1980. **Vestiário**: local em que os jogadores trocam de roupa. Pode também designar o ambiente interno de uma equipe. É comum ouvir-se, quando um técnico cai, que o vestiário não era bom, ou seja, o clima entre os jogadores e o antigo treinador não era dos melhores.

1981. **Vestir a amarelinha**: jogar pela seleção brasileira.

1982. **Vestir a camisa**: Diz-se do profissional que se identifica com a causa do clube cuja camisa veste como uma segunda pele. É uma maneira de dizer que jogador ou técnico trabalha num clube com garra e se empenha mais do que os "meramente" profissionais.

1983. **Vetado**: jogador machucado, que não pode ir a campo por problemas médicos.

1984. **Vexame**: Derrota fragorosa, acachapante em que o time derrotado não esboça reação e aceita passivamente o domínio do adversário.

1985. **Viajar junto**: seguir a bola que foi lançada pelo alto.

1986. **Vice**: colocação maldita no futebol brasileiro. Para muitos, ser vice é ser o primeiro dos últimos.

1987. **Vice de novo**: provocação da torcida do time campeão aos torcedores do time derrotado na final.

1988. **Vídeo-tape**: é como se chamava antigamente o replay dos principais lances das partidas de futebol.

1989. **Vigia**: goleiro, goal keapper, arqueiro, guarda-valas, defensor.

1990. **Vila Belmiro**: o estádio do Santos Futebol Clube, que é chamado de Vila Famosa por ter sido o palco mais assíduo do Rei Pelé.

1991. **Vila Capanema**: o estádio Durival Brito, em Curitiba.

1992. **Vila Famosa**: a Vila Belmiro, estádio do Santos Futebol Clube.

1993. **Vila Nova**: O Vila Nova Futebol Clube, agremiação da cidade de Goiânia.

1994. **Vini Jr.**: craque do Real Madri. Vinícius Júnior.

1995. **Virada**: diz-se de um time que saiu atrás no placar, ou seja, esteve num determinado momento perdendo, mas conseguiu virar o jogo a seu favor.

1996. **Virar a casaca**: trocar de time, passar a jogar ou a torcer por um clube antes rival do seu time original.

1997. **Virar a mesa**: inverter um resultado do campo nos tribunais, através de ações na Justiça Desportiva. Equivale, também, a mudar as regras do jogo.

1998. **Virar o jogo**: jogar a bola para o lado contrário ao que se está, da direita para a esquerda ou da esquerda para a direita. É uma ação de desafogo muito executada por laterais e meias. Uma observação: há sempre mais jogadores no setor do campo em

DICIONÁRIO DE FUTEBOLÊS

que a bola estiver. Por isso, fazer a bola atravessar o gramado, pelo alto, sobre os adversários, até um companheiro que está na linha lateral contrária e, portanto, sem tantos adversários por perto, é uma boa opção para fazer a jogada evoluir.

1999. **Virar o jogo**: transformar uma derrota parcial numa vitória. Inverter o placar a seu favor.

2000. **Viril esporte bretão (O)**: o futebol, por ser, na origem, somente disputado por homens e por ter sido inventado, segundo o senso comum, na Inglaterra.

2001. **Visão de jogo**: é uma qualidade que diferencia os grandes jogadores dos medíocres. Ter visão de jogo é perceber um companheiro bem colocado, um goleiro adiantado, um buraco na defesa adversária e fazer uso disso com passes, dribles e chutes que se transformam em gols.

2002. **Visitante**: o time que joga fora de sua cidade, na casa do adversário.

2003. **Vitória**: O que se deseja numa partida de futebol é vencer. A vitória vale três pontos, independente da diferença de gols que um time estabeleça sobre outro. Ou seja: placares como "um a zero" ou "dez a um" valem a mesma coisa num campeonato por pontos corridos.

2004. **Vitória heroica**: é como os narradores se referem a uma vitória conquistada em condições muito adversas, com jogadores a menos, no campo do adversário, com o goleiro improvisado etc.

2005. **Vitória magra**: vitória pelo placar mínimo.

2006. **Vitória suada**: vitória conquistada mais na transpiração do que na inspiração, mais na força física do que na técnica.

2007. **Voando**: diz-se do jogador que está em excelente forma física e técnica, em grande fase, tinindo, na ponta dos cascos, jogando muito, em plena forma.

2008. **Vocês da imprensa**: expressão adotada ironicamente pelo jornalista Marcelo Barreto para se referir os repórteres esportivos, normalmente acusados de distorcerem o que é dito por jogadores, dirigentes e treinadores, ou de tramarem contra eles.

2009. **Volante**: jogador de meio campo que trabalha na proteção à defesa, à frente da zaga, dando o primeiro combate aos adversários que tentam chegar a sua área.

2010. **Volta**: é o grito desesperado do goleiro, de um zagueiro ou do treinador para que sua equipe retorne para o seu próprio campo e se recomponha no setor defensivo.

2011. **Voltaço**: é como o Volta Redonda, Cube representante da Cidade do Aço, no Norte Fluminense, é chamado pelos torcedores.

2012. **Voltar**: movimento de retomada dos jogadores à posição defensiva.

2013. **Vozão**: apelido do Ceará Sporting Club.

X

2014. **X1**: Ver "um contra um".

2015. **Xavante**: epíteto do Grêmio Esportivo Brasil, GEB, de Pelotas, no Rio Grande do Sul.

2016. **Xerifão**: : zagueiro que, pela personalidade, impõe respeito nos atacantes e afasta os perigos de sua área.

2017. **Xerife**: o mesmo que xerife.

2018. **Xodó**: jogador que é o queridinho da torcida ou do treinador.

Z

2019. **Z4**: A Zona do Rebaixamento

2020. **Zagueiro (defensor, beque, último homem, zaga)**: jogador cuja função precípua é defender o gol protegido pelo seu goleiro. Posta-se à frente da grande área para que os atacantes não se vejam livres para chutar de maneira confortável. Em geral, os times jogam com dois zagueiros: o que atua mais pelo lado direito é chamado de beque central (ou zagueiro de área pela direita) e o que defende o lado mais à esquerda da sua área chama-se quarto zagueiro (ou zagueiro de área pela esquerda. Há vários tipos de zagueiros: o zagueiro-zagueiro limita-se a marcar e a rebater as bolas que rondam o seu domínio sem tentar nada além disso; há porém os clássicos que, além dos dotes defensivos, têm técnica suficiente para sair jogando e para, de vez em quando, aventurar-se no ataque; Normalmente, os dois defensores revezam-se na marcação ao atacante de área do time adversário, conforme o lado pelo qual o atacante invista; por isso, se diz que todo time tem um zagueiro na marcação e um outro na sobra (espera, por trás), fazendo a cobertura.

2021. **Zagueiro que se preza não ganha o troféu Belfort Duarte**: frase atribuída a Moisés, truculento zagueiro de Bangu e Vasco nas décadas de 60 e 70 do século XX. O Belfort Duarte era um prêmio dado ao jogador mais disciplinado de um campeonato. Era o antecessor do fair play.

2022. **Zé do Rádio**: folclórico torcedor que frequentava os estádios de Pernambuco, posicionando-se com seu enorme rádio atrás do banco de reservas do Sport Club do recife.

2023. **Zebra**: resultado inesperado, vitória de um time mais fraco sobre um mais forte.

2024. **Zerar**: Tirar de qualquer maneira a bola das imediações da área.

2025. **Zero a zero**: partida em que não saem gols. É o placar inicial da partida.

2026. **Zezé Moreira**: Jogador de futebol nas décadas de 1920 e 1930 e técnico, inclusive da Seleção Brasileira, na década de 1950.

2027. **Zica**: azar, fase ruim.

2028. **Zico**: meia-atacante que atuou pela Seleção Brasileira nas copas do Mundo de 1978, 1982 e 1986. É considerado o maior craque da história do Flamengo, o clube que, segundo as pesquisas, tem a maior torcida do Brasil, daí sua importância.

2029. **Zona da confusão**: quatro últimas colocações do campeonato brasileiro, zona do rebaixamento, Z-4

2030. **Zona do agrião**: a grande área, as proximidades do gol, a zona de perigo e em que qualquer erro pode ser fatal.

2031. **Zona do rebaixamento**: zona da confusão quatro últimas colocações do campeonato brasileiro, zona do rebaixamento, Z-4.